엑스포지멘터리 성경공부 시리즈

요한복음(I) 인도자용

요한복음 1-10장

KB211147

엑스포지멘터리 성경공부 시리즈

요한복음(Ⅰ) 인도자용

요한복음 1–10장

| 송병현 · 임우민 지음 |

Exposi Mentary

차례

『요한복음 I』엑스포지멘터리 성경공부 오리엔테이션
(60분 소요)

* 한 주의 성경공부는 60분을 기준으로 구성되어 있으나 그룹의 요구와 형편에 따라 조절할 수 있습니다.

* 첫 번째 모임의 오리엔테이션은 다음과 같은 구성으로 진행합니다.

1. 찬양과 기도(5분)
찬양은 필요에 따라 선택할 수 있습니다. 이후 인도자의 짧은 기도로 모임을 시작하십시오.

2. 자기소개(10분)
1) **서로 잘 아는 사이의 그룹일 경우** : 한 명씩 돌아가며 자기소개를 하게 하십시오. 본인의 성격을 동물이나 꽃에 비유하는 것도 자신의 특성을 잘 소개할 수 있는 방법입니다.
2) **서로 잘 모르는 사이의 그룹일 경우** : 두 명이 한 조를 이루어 3분가량 자신이 '제일 잘하는 것 한 가지'를 서로 나누게 합니다. 이후 돌아가며 서로의 짝을 소개하는 시간을 갖습니다. 쑥스러운 분위기를 부드럽게 만들기 위해 인도자가 먼저 자기소개를 하면서 어떻게 소개하는지 보여 주는 것이 좋습니다.

3. 학생용 책 나누어 주기(5분)

인도자용 교재는 인도자의 효율적인 인도를 위한 것입니다. 구성원들에게 나누어 주지 마십시오.

4. 엑스포지멘터리 성경공부에 대한 소개(2분)

'엑스포지멘터리'(EXPOSItory+commentary=Exposimentary, 해설주석)는 '해설, 설명'을 뜻하는 'expository'와 '주석'을 뜻하는 'commentary'를 합성한 단어입니다. 본문의 뜻이나 저자의 의도와는 연관성 없는 주제와 묵상으로 치우치기 쉬운 expository의 한계와 필요 이상으로 논쟁적이고 기술적일 수 있는 commentary의 한계를 극복함으로써 가르치는 사역에 도움을 주기 위한 새로운 장르입니다. 성경공부의 가장 핵심적인 목적은 **올바른 성경 해석**과 **적절한 말씀 적용**입니다.

5. 『요한복음 I』서론(20분)

* 학생용 교재를 사용해 함께 나눕니다.
* 『요한복음 I』 시작 전에 서론 부분을 나눕니다. 요한복음 성경공부 교재는 총 2권으로 구성됩니다. 1권에서는 1~10장, 2권에서는 11~21장의 핵심 내용을 다룹니다.
* 내용이 길 수 있으니 미리 읽어 오도록 권유합니다.

1) 요한복음의 중심 메시지
   (1) '징조의 책'(1:19-12:50)
   (2) '영광의 책'(13:1-20:31)

2) 요한복음의 구조와 개요
   I. 프롤로그(1:1-18)
   II. 세례 요한과 첫 제자들(1:19-51)
   III. 공개 사역 시작(2:1-4:54)
   IV. 커져 가는 반발(5:1-8:11)
   V. 유대인들과의 갈등(8:12-10:42)

Ⅵ. 전환: 사역에서 죽음과 부활로(11:1-12:50)

Ⅶ. 다락방 디스코스(13:1-17:26)

Ⅷ. 재판과 죽음(18:1-19:42)

Ⅸ. 부활(20:1-31)

Ⅹ. 에필로그(21:1-25)

6. 서류 작성(5분)

교재의 마지막 장에 있는 '비밀 유지 서약서'의 의도를 설명해 주고 서명하게 합니다.

7. 기대와 포부(5분)

성경공부 모임을 통해 기대하는 것을 구성원 중 2명 정도 이야기하게 합니다.

8. 숙제와 실천과제(5분)

다음 주의 '말씀 돋보기' 부분을 숙제해 오게 합니다.

실천과제로 **『요한복음』** 전체를 읽을 수 있는 데까지 소리 내어 지속적으로 12주 동안 읽어 오게 하십시오.

9. 기도

다 함께 이 성경공부 모임을 위해 기도하십시오.

다음 모임의 약속 시간과 장소를 다시 한번 공지하십시오.

* 두 번째 모임부터는 다음과 같이 시간을 구성합니다.

10. 이 책의 구성 및 사용 방법

1) 📝 **복습 - 소요 시간 5분**

- 복습은 지난주에 배운 말씀 중 가장 핵심적인 부분을 이해하고 있

는지 확인하는 부분입니다.

- 지난주에 결단했던 '생활의 아로마'가 어떻게 진행되었고, 삶에 어떤 변화를 가져왔는지 간단히 나눕니다.

2) 🔍 말씀 돋보기(관찰) - 소요 시간 20분

- '말씀 돋보기'는 숙제로 제시합니다.
- '말씀 돋보기'는 Tip을 제시하고 있으며, Tip을 자세히 읽으면 스스로 답을 찾을 수 있습니다. 그러나 되도록 성경에서 답을 찾아 기록하게 하고, 이후에 문제를 이해했는지 Tip을 통해 확인하게 하십시오.
- 문제를 함께 풀면서 필요한 추가 설명을 곁들입니다. 문제를 풀고 이해하는 데 어려움이 없었는지 확인합니다.

3) 🧭 삶의 내비게이션(적용) - 소요 시간 25분

- '삶의 내비게이션'은 모임 시간에 함께 나누는 부분입니다.
- 인도자의 역할은 '삶의 내비게이션'에 있는 Tip을 사용해 '말씀 돋보기'와 연결되는 삶을 나누고 방향을 함께 볼 수 있도록 안내하는 것입니다.
- '삶의 내비게이션'의 질문은 과거, 현재, 미래형으로 구성되어 있습니다.

4) 🌸 생활의 아로마(실천) - 소요 시간 5분

- '생활의 아로마'는 구체적인 실천과제를 학생 스스로 적고 실천하는 부분입니다.
- 매주 모임에서 토론한 내용 중 각자의 상황과 결단에 맞추어 한 가지 정도 구체적인 실천과제를 제시합니다. 실천과제에 대한 나눔은 다음 번 모임을 시작할 때 나눕니다.

- 나눔의 깊이는 성령님의 인도하심, 인도자의 지혜, 그리고 그룹 구성원의 서로에 대한 신뢰 정도에 따라 차이가 있을 수 있습니다.
- 학생용 교재 마지막 장에 있는 『**요한복음 I**』 말씀과 삶의 변화 일지'를 사용해 엑스포지멘터리 성경공부를 통해 삶이 어떻게 변화되고 어떤 결과가 나타났는지 볼 수 있습니다.

〈엑스포지멘터리 성경공부 시리즈 구성〉

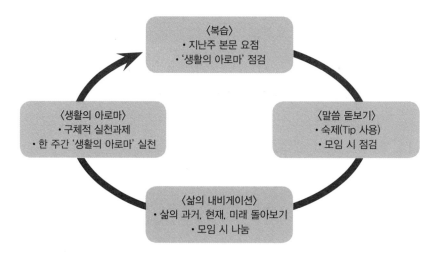

〈복습〉
• 지난주 본문 요점
• '생활의 아로마' 점검

〈말씀 돋보기〉
• 숙제(Tip 사용)
• 모임 시 점검

〈삶의 내비게이션〉
• 삶의 과거, 현재, 미래 돌아보기
• 모임 시 나눔

〈생활의 아로마〉
• 구체적 실천과제
• 한 주간 '생활의 아로마' 실천

요한복음 서론

신약을 구성하는 정경 27권 중 처음 네 권을 복음서라고 한다. 예수 그리스도의 죽음과 부활을 통해 세상에 임할 복음을 묘사하고 있기 때문이다. 우리는 한 복음에 대해 네 복음서를 전수받았다. 역사를 주관하시는 하나님이 예수님의 죽음과 부활에 관해 증언하는 복음서로 '마태복음-마가복음-누가복음-요한복음'을 정경으로 정하셨다.

네 복음서에 기록된 모든 내용은 목격자들의 기억과 증언(눅 1:1-4)을 토대로 하는 사실이며, 예수님의 삶과 사역에서 비롯된 것들이다. 그러므로 복음서는 역사성과 교훈적인 기능을 강조하며, 구약에서 유래한 '종말적-역사적 내러티브'다. 복음서는 전기적, 역사적, 신학적, 교훈적이다. 이와 마찬가지로 요한복음에도 역사, 전기, 신학, 고백, 교리, 설교 등 다양한 양식의 글이 포함되어 있다.

1. 저자와 저작 시기

초대교회는 처음부터 이 복음서의 저자를 예수님의 삶과 사역에 대한 증인이자 열두 제자 중 하나인 세베대의 아들 요한으로 간주했다. 그는 '예수께서 사랑하시는 제자'(21:7)이며, 유월절 만찬 중 예수님의 품에 의지해 누운 사람이다(13:23). 요한은 어머니 쪽을 통해(요한의 어머니가 예수님의 이모) 예수님과 사촌지간이고, 사도행전에서는 베드로의 동반자로 등장한다(행 3-4장). 이후 예수님은 십자가에서 요한에게 어머니 마리아를 부탁하셨다(19:25-27).

학자들은 대부분 요한복음의 저작 시기를 1세기 말로 본다. 요한이 매우 오래 살았다는 기록이 남아 있기 때문이다. 이레네우스는 요한 사도가 트라야누스 황제 시대까지 살았다고 한다. 제롬은 요한이 예수님이 죽으신 지 68년째 되는 해인 주후 98년에 죽었다는 말을 남겼다. 거의 모든 학자가 요한복음이 주후 80-100년에 소아시아의 에베소에서 저작되었을 것으로 추측한다.

2. 저작 목적

요한은 자신이 책을 쓴 동기에 대해 "오직 이것을 기록함은 너희로 예수께서 하나님의 아들 그리스도이심을 믿게 하려 함이요 또 너희로 믿고 그 이름을 힘입어 생명을 얻게 하려 함이니라"(20:31)라고 증언한다. 이 말씀은 요한복음의 주요 주제인 믿음, 하나님의 아들, 예수님을 통한 영생을 하나로 묶고 있으며, 전도와 양육의 중요성을 암시한다. 요한복음은 믿지 않는 사람을 믿게 하고, 이미 믿고 있는 사람의 신앙을 성장시키기 위해 저작되었다.

3. 신학적 메시지

(1) 하나님
하나님은 세상과 시간의 시작이고 끝이시다(1:3). 세상을 창조하신 하나님은 세상에 이미 일어난 모든 일과 일어나고 있는 모든 일, 그리고 앞으로 일어날 모든 일을 아신다. 이 모든 일이 하나님의 계획과 섭리에 따라 진행되고 있기 때문이다.

하나님은 아들을 세상에 보내셨고, 그 아들을 통해 더 많은 자녀를 얻고자 하셨다. 하나님은 자녀로 맞이하고자 하는 사람들을 참으로 사랑하셨다. 그들의 죄를 용서하시고 구원하기 위해 하나뿐인 아들을 보내셨다. 그러므로 요한복음에서 하나님은 독생자 아들을 보내시는 분이며, 동시에 '새 자녀들'을 받으시는 분이다. 자기를 보내신 아버지의 뜻을 이루기 위해 보내심을 받은 예수님이 하시는 모든 일은 하나님으로부터 온 것이며, 하나님을 위한 것이다.

(2) 예수 그리스도

요한복음의 기독론을 논함에 있어 가장 중요한 말씀은 1:1-18이다. 특히 1절과 4절은 예수님이 성육신하신 하나님의 말씀이라고 한다. 예수님이 하나님의 말씀을 선포하시고 하나님의 일을 하시지만, 예수님은 옛 선지자들처럼 하나님의 말씀을 대언하는 매체가 아니라 하나님의 말씀 자체이시다. 그러므로 예수님의 말씀과 사역, 삶과 죽음은 선을 그어 나눌 수 없는 하나이며, 예수님은 우리가 하나님께 나아갈 유일한 길이요 진리요 생명이시다. 예수님은 하나님이시기 때문이다. 요한복음은 예수님이 100% 인간이시며, 100% 하나님이심을 강조한다.

요한복음에서 예수님은 "내가 그다"(ἐγώ εἰμι, "I AM I am he")라는 말씀에 여러 수식어를 더해 일곱 가지 비유로 자신에 관해 말씀하신다. 이 비유는 모두 예수님만이 하나님께 나아가 영생을 얻는 유일한 방법임을 강조한다.

'나는 …이다'	성경 구절(요한복음)
나는 생명의 떡이다	6:35, 41, 48
나는 세상의 빛이다	8:12; 9:5
나는 양의 문이다	10:7, 9
나는 선한 목자다	10:11, 14
나는 부활이요 생명이다	11:25
나는 길이요 진리요 생명이다	14:6
나는 참 포도나무다	15:1

(3) 성령

요한복음은 성령에 대해 공관복음을 모두 합한 것보다 더 많이 언급한다. 성령은 예수님이 세례를 받으실 때부터 함께하셨다. 성령은 영원히 예수님과 함께하는 하나님의 내재이시며, 예수님 안에 흐르는 생수의 근원이시다. 성령은 예수님의 삶에서 있어도 되고 없어도 되는 부수적인 존재가 아니다. 그러므로 사람이 예수님과 함께한다는 것은 성령을 체험하는 것을 의미한다.

부활하신 예수님은 제자들에게 제일 먼저 성령을 받으라고 권면하셨고, 승천하신 후 보혜사로 제자들에게 임하셨다. '보혜사'(παράκλητος, 파라클레이토스)는 '위로하는 자, 돕는 자'라는 의미를 지닌다. 예수님은 승천하신 후에도 예수님이 세우신 공동체와 함께하시며 자신에 대한 계시와 가르침을 계속하는 일로 공동체를 위로하고 도우신다. 이처럼 성령은 믿는 자들을 말씀과 가르침으로 위로하고 도우시지만, 예수님을 믿지 않는 세상은 죄와 의와 심판으로 책망하신다.

(4) 교회

교회는 예수님의 제자들이 모이는 곳이다. 예수님의 제자는 예수님이 그를 사랑하신 것처럼 이웃(다른 제자)을 사랑하는 사람이며, 이런 제자들이 모인 곳이 교회다. 교회는 예수님이 새로 시작하신 하나님 백성 공동체며, 이방인과 유대인을 포함한다. 교회가 유대인뿐 아니라 이방인도 포함하는 것은 우연이나 실수로 빚어진 일이 아니라 하나님이 태초부터 계획하신 인류 구원 역사의 일부다. 구약은 아브라함의 후손으로 오는 이가 이러한 구원을 이루실 것이라고 한다.

4. 구조

요한복음은 프롤로그를 형성하는 1:1-18과 에필로그를 형성하는 21:1-25에 싸여 있다. 이 두 섹션에 감싸인 1:19-20:31은 '징조의 책'(1:19-12:50)과 '영광의 책'(13:1-20:31) 등 두 파트로 나뉜다.

 I. 프롤로그(1:1-18)
 II. 세례 요한과 첫 제자들(1:19-51)
 III. 공개 사역 시작(2:1-4:54)
 IV. 커져 가는 반발(5:1-8:11)
 V. 유대인들과의 갈등(8:12-10:42)
 VI. 전환: 사역에서 죽음과 부활로(11:1-12:50)

VII. 다락방 디스코스(13:1-17:26)

VIII. 재판과 죽음(18:1-19:42)

IX. 부활(20:1-31)

X. 에필로그(21:1-25)

제1주 태초부터 계신 말씀 = 예수님

학습목표

예수님은 완전한 하나님이자 완전한 사람이라는 진리를 알고(믿고), 예수님에 대해 증언하는 삶을 살아간다.

KEYWORD **말씀, 은혜, 예수님**

I. 찬양과 기도

II. 복습문제 풀이

 복습

1 요한복음의 저작 목적은 무엇인가?(20:31)
   a) 예수님이 하나님의 아들 그리스도이심을 믿게 하려 함
   b) 믿고 그 이름을 힘입어 생명을 얻게 하려 함

III. 말씀 요한복음 1:1-18을 다 함께 읽는다

^{1:1} 태초에 말씀이 계시니라 이 말씀이 하나님과 함께 계셨으니 이 말씀은 곧 하나님이시니라 ² 그가 태초에 하나님과 함께 계셨고 ³ 만물이 그로 말미암아 지은 바 되었으니 지은 것이 하나도 그가 없이는 된 것이 없느니라 ⁴ 그 안에 생명이 있었으니 이 생

명은 사람들의 빛이라 ⁵ 빛이 어둠에 비치되 어둠이 깨닫지 못하더라 ⁶ 하나님께로부터 보내심을 받은 사람이 있으니 그의 이름은 요한이라 ⁷ 그가 증언하러 왔으니 곧 빛에 대하여 증언하고 모든 사람이 자기로 말미암아 믿게 하려 함이라 ⁸ 그는 이 빛이 아니요 이 빛에 대하여 증언하러 온 자라 ⁹ 참 빛 곧 세상에 와서 각 사람에게 비추는 빛이 있었나니 ¹⁰ 그가 세상에 계셨으며 세상은 그로 말미암아 지은 바 되었으되 세상이 그를 알지 못하였고 ¹¹ 자기 땅에 오매 자기 백성이 영접하지 아니하였으나 ¹² 영접하는 자 곧 그 이름을 믿는 자들에게는 하나님의 자녀가 되는 권세를 주셨으니 ¹³ 이는 혈통으로나 육정으로나 사람의 뜻으로 나지 아니하고 오직 하나님께로부터 난 자들이니라 ¹⁴ 말씀이 육신이 되어 우리 가운데 거하시매 우리가 그의 영광을 보니 아버지의 독생자의 영광이요 은혜와 진리가 충만하더라 ¹⁵ 요한이 그에 대하여 증언하여 외쳐 이르되 내가 전에 말하기를 내 뒤에 오시는 이가 나보다 앞선 것은 나보다 먼저 계심이라 한 것이 이 사람을 가리킴이라 하니라 ¹⁶ 우리가 다 그의 충만한 데서 받으니 은혜 위에 은혜러라 ¹⁷ 율법은 모세로 말미암아 주어진 것이요 은혜와 진리는 예수 그리스도로 말미암아 온 것이라 ¹⁸ 본래 하나님을 본 사람이 없으되 아버지 품 속에 있는 독생하신 하나님이 나타내셨느니라

IV. 관찰문제의 바른 답

🔍 말씀 돋보기(관찰)

1 태초에 하나님과 함께 계신 이는 무엇이고, 이는 누구를 의미하는가?(1:1)

a) 태초에 계신 이: 말씀

b) 의미: 예수님

>
> '태초'는 '출처, 근원'을 의미하는 말로, 요한은 '태초에'라는 말을 통해 세상(우주)이 창조되기 전부터 말씀이 있었다고 한다. 구약에서는 '말씀'이 하나님의 매우 역동적인 창조 능력을 의미한다. 하나님이 말씀하실 때 만물이 창조되었으며, 성경에서 하나님의 말씀은 계시(창 1:3–31)와 구속

(시 107:20)으로 묘사된다. 말씀은 인류 역사에 오신 그리스도의 삶과 사역이다. 그러므로 요한은 구약의 배경을 바탕으로 예수님이 곧 '말씀'이라고 증언한다.

또한 1절의 첫 번째 문장인 "태초에 말씀이 계시니라"에서 '계시니라'는 말씀(예수님)이 없었던 때를 부인함으로써 말씀이 천지 창조 때 함께 창조되었을 가능성을 원천적으로 배제한다. 첫 번째 문장이 말씀의 영원한 존재성을 강조했다면, 두 번째 문장인 "말씀이 하나님과 함께 계셨으니"는 말씀의 내재성을 강조하며 세상이 창조되기 전부터 말씀이 하나님과 '영원한 상호 교제'의 '관계'를 누렸다고 한다. 세 번째 문장인 "이 말씀은 곧 하나님이시니라"를 두고 이단들은 '하나님과 비슷하기는 하지만 하나님보다 조금 못하다'라는 의미로 해석하지만, 직역하면 "하나님은 말씀이셨다"이다. 곧 말씀이 하나님의 본질을 지닌, 하나님과 동등한 분임을 강조한다. 요한복음은 예수님이 존재적으로 하나님이심을 지속적으로 선언한다. 이 같은 성경의 증거를 토대로 니케아 공의회(325)에서는 예수님의 본질이 인간보다 월등하지만(하나님과 비슷하지만) 하나님은 아니라고 주장한 아리우스와 그의 추종자들을 이단으로 규명했다.

2 만물은 무엇을 통해 창조되었으며, 창조하신 이가 피조물에게 주신 두 가지는 무엇인가?(1:3-4)

a) 창조를 하신 분(3절): 말씀

b) 창조물에게 주신 두 가지(4절): 생명과 빛

 창세기 1장은 하나님이 온 우주를 말씀으로 창조하셨다고 한다. 그 말씀이 창조 때부터 하나님과 함께 계시면서 창조 사역을 함께 하셨다. 앞으로 요한은 하나님이 천지를 창조하실 때 하신 일은 곧 말씀(예수님)이 하신 일이며, 예수님이 하시는 일은 곧 하나님이 하시는 일이라고 강조할 것이다. 말씀은 창조된 적이 없다. 반면에 우리가 상상할 수 있는 모든 피조물은 말씀을 통해 창조되었다.

말씀이 한 일 중 가장 중요한 것은 자신이 창조한 피조물에게 생명을 주신 일이다. 말씀은 자신 안에 있는 생명을 살아 있는 모든 생명체에게 나누어 주신 생명의 근원이시다. 예수님은 이 생명을 성도에게 주기 위해 '생명의 떡'(6:35)으로, '생명의 빛'(8:12)으로, '생명의 물'(4:10)로, '생명과 영'(6:63)으로 오셨다.

또한 말씀 안에 있는 생명은 사람들의 빛이 되어 그들을 비추었다. 말씀이 사람들에게 생명을 주고 하나님을 볼 수 있게 하셨다는 뜻이다. 말씀은 하나님이 어떤 분인지 밝히는 빛이 되어 어둠(세상)을 비추었지만, 어둠이 깨닫지 못했다. 요한복음에서 어둠은 빛에 대항하는 악이다. 빛이 세상을 밝히기 위해 오래전에 오셨고, 지금도 비추고 계시며, 수많은 반대에도 시들지 않았음을 강조한다. '깨닫다'는 '이기다'라는 의미로 해석할 수 있으며, 개역개정처럼 '깨닫다'로 간주할 수도 있다. 전자는 갈등에 초점을, 후자는 무지에 초점을 둔 번역이다. 어둠(온 인류)은 빛이 그들 위에 비추고 있는 것을 알지 못했다.

3 하나님으로부터 보내심을 받은 사람은 누구이며, 하나님이 그를 보내신 목적은 무엇인가?(1:6-8, Tip)

a) 보내심을 받은 사람(6절): (세례) 요한

b) 보내신 목적(Tip): 빛에 대해 증언하고 모든 사람이 예수님을 믿게 하려고

하나님으로부터 보내심을 받은 사람이 있었는데, 바로 세례 요한이다. 동사 '보내다'와 전치사 '…로부터'는 세례 요한을 보낸 주체가 하나님이심을 강조한다. 스스로, 혹은 사람들이 선지자로 세운 이가 아니다. 하나님이 보내신 사람이다. 세례 요한은 하나님이 보내신 특별한 사람이지만, 그 역시 하나님이 창조하신 인간이다. 공관복음에서 세례 요한은 '주의 길을 예비하기 위해 먼저 온' 사람이다. 그러나 요한복음에서는 단순히 빛으로 오신 말씀에 대한 증인이다.

하나님으로부터 보내심을 받은 세례 요한은 증언하러 왔다. 요한복음은 세례 요한이 증언하러 온 이유를 두 개의 '…하기 위해'라는 문구로 설명한다. 첫째, 요한은 빛에 대해 증언하기 위해 왔다. 빛은 태초부터 하나님과 함께하시며 교통하신 말씀이다. 이 말씀은 곧 하나님이시다. 요한은 말씀이신 빛에 대해 증언하기 위해 보내심을 받은 사람이다. 둘째, 요

한은 모든 사람이 빛으로 오신 예수님을 믿게 하려고 왔다. 요한은 예수님이 메시아라는 사실에 대한 가장 확실한 증인이다. '믿게 하려고'는 과거형 가정이다. 세례 요한은 빛으로 나아가는 길을 제시함으로써 사람들이 믿도록 설득하기 위해서 왔지 강요하기 위해서 온 것이 아니다. 그는 빛이신 예수님에 대해 증언하는 자일 뿐이며, 빛은 예수님이시다.

4 하나님을 영접하는 자들이 받는 권세는 무엇이며, 그들은 누구로부터 난 자들인가?(1:12-13)
a) 영접하는 자가 받는 권세(12절): 하나님의 자녀가 되는 권세
b) 누구로부터 난 자(13절): 하나님께로부터 난 자들

참 빛이 세상에 와서 모든 사람에게 차별 없이 하나님과 자신에 대한 깨달음을 주셨지만, 안타깝게도 세상은 참 빛으로 오신 창조주 말씀(예수님)을 알아보지 못했다. '알다'는 단순한 지적 인지가 아닌 관계적인 의미를 지닌 단어다. 알지 못했다는 것은 세상이 참 빛이신 하나님을 영접해 그분과 관계 맺지(회복하지) 못했다는 뜻이다. 세상은 하나님에 대해 어느 정도 지식을 지녔지만, 구원에 이르는 겸손한 순종을 하지 못했다. 세상을 대표하는 온 나라(이스라엘)가 참 빛으로 오신 하나님을 거부했지만, 다행히 그중에 영접한 이들이 있었다. 바로 예수님을 따르는 제자들이다.

하나님을 영접한 사람들은 하나님의 자녀가 되는 권세를 받았다. '영접하다'는 주어진 것을 받거나 혹은 오신 이의 권위를 인정한다는 뜻으로 하나님을 영접하는 것은 그(예수님)의 이름을 믿는 것이다. 예수님의 이름을 믿는 것은 예수님에 대한 모든 것을 영접한다는 뜻이다. '권세'는 능력이나 권리나 허락을 뜻한다. 참 빛을 영접한 사람들은 하나님의 자녀라는 새로운 신분을 갖게 되는데, 이는 소수만이 누릴 수 있는 특권이다.

요한은 사람의 태어남을 네 가지로 묘사한다. 이 중 세 가지 자연적인 태어남에 대해서는 '아니다'라며 부정적으로 말하고, 마지막 초자연적인(영적인) 태어남에 대해서만 '오직'이라며 긍정적으로 언급한다. 첫째, 영적인 태어남은 '혈통으로' 가능한 것이 아니다. 하나님의 자녀는 혈통(부모

의 피 섞임)으로 생기지 않는다. 둘째, 영적인 태어남은 육정(육신의 욕망)으로 이뤄지는 일이 아니다. 즉, 인간의 순수한 성적 의지가 이뤄 낸 결과가 아니다. 셋째, 영적인 태어남은 사람의 뜻으로 되는 것이 아니다. 고대 사회에서 아이가 태어나는 것은 아내보다 남편의 의지에 의해 결정되었다. 그러나 영적인 거듭남은 집안의 가장이 결정하는 일이 아니다. 마지막으로 하나님의 자녀가 되는 것은 오직 하나님에게서 난 자들만 누리는 특권이다. 이는 초자연적인 태어남이다. 인간적으로는 불가능한 일이며, 예수님을 통해 새로 창조(시작)하시는 하나님의 가족이 될 사람들은 하나님이 직접 택하신 사람들이다. '하나님께로부터 난 자들'은 하나님이 지으신 사람들이라는 뜻이다.

5 세상이 창조되기 전부터 계셨던 말씀이 우리 가운데 어떻게 오셨는가? 그가 오신 의미는 무엇이며, 이를 통해 예수님은 누구를 드러내셨는가?(1:14, 18, Tip)

a) 말씀이 오신 모습(14절): 육신

b) 의미(Tip): 예수님이 온전히 사람이 되셨다는 뜻

c) 예수님이 드러내신 분(18절): 하나님

참 빛으로 오신 말씀이 육신이 되셨다. 말씀은 하나님이시다. 말씀이 육신이 되신 것은 성육신에 대한 가장 간단한 표현이다. '육신'은 '사람, 인간'의 육체(신체)이며, 사람을 구성하는 요소 중 가장 연약하고 부패하기 쉽고 부서지기 쉬운 것이다. 그러므로 말씀이 육신이 되셨다는 것은 예수님이 온전히 사람이 되셨다는 뜻이다. 예수님은 신성과 인성을 모두 지니셨다. 성육신하신 하나님이시기 때문이다. 예수님은 인간적으로는 요셉의 아들이며, 신적으로는 하나님의 아들이며, 또한 하나님과 동일한 분이다.

예수님은 '독생하신 하나님'이시다. 주님은 하나님의 품속에 계실 정도로 하나님과 친밀하셨으며, 예수님 자신을 통해 하나님을 드러내셨다(이것을 '하나님의 현현'이라 함). 구약에서는 하나님의 현현을 부분적으로 경험한 사람들만 있을 뿐 직접 하나님을 뵌 사람은 없다. 하나님은 우리 눈

이 볼 수 없는 '영'이시기 때문이다. 모세는 하나님의 뒷모습만 볼 수 있었는데, 모세가 보지 못한 바로 그 하나님이 예수님이시다. 본문은 말씀이 육신 되신 예수님은 하나님이 자신을 드러내신 최고의 계시라는 점을 강조한다.

예수님의 오심은 우리에게 은혜 위에 은혜를 더하신 일이다. 구약에 따르면 모세를 통해 주신 율법은 하나님이 그분의 백성에게 내려 주신 가장 큰 은혜. 옛 율법도 분명 은혜지만, 예수님이 주신 은혜와 진리는 더 큰 은혜라는 뜻이다. 예수님은 죄와 저항뿐인 세상에 오실 필요가 전혀 없는데도 친히 오셔서 구원을 이루셨다는 사실을 기억해야 한다.

V. 적용과 나눔

 삶의 내비게이션(적용)

1 요한복음은 예수님이 '완전한 하나님'이자 육신을 입고 온 '완전한 사람'이심을 선언하면서, 당시 예수님의 신성과 인성을 부정한 자들을 이단으로 규명했다. 당신은 예수님을 믿기 전 예수님에 대해 어떻게 이해하고 있었는가?

관찰문제 1, 5번 참고. 요한복음은 예수님이 존재론적으로 하나님이심을 지속적으로 선언한다. 그러므로 예수님을 보는 것은 곧 하나님을 보는 것이며, 예수님의 말씀을 듣는 것은 하나님의 음성을 듣는 것이다. 예수님이 말씀하시는 것은 곧 하나님의 계시다. 안타까운 것은 창조주요 생명의 근원이신 예수님이 자신이 지으신 세상에 오셨지만, 세상은 자기를 지으시고 생명을 주신 분을 알아보지 못했다. 예수님은 이 세상에 살았던 가장 위대한 인간이며, 유대인들이 기대하던 메시아이며, 하나님의 아들이며, 아버지가 보내신 분이며, 하나님이시다.

예나 지금이나 예수님의 신성에 문제를 제기하는 이단들이 있다. 2-3세기에는 영지주의자들이 예수님의 신성을 부인했고, 4세기에는 아리우스가 부인했다. 지금은 여호와의 증인이 부인한다. 또한 자신이 하나님이 들어 쓰신 도구인 예수님과 비교해 손색이 없다며 스스로 메시아라고 주장하는 이단 교주들도 있다. 이에 대해 요한복음은 그들의 오류를 명백히 지적한다. 예수님은 하나님과 본질이 같으시다. 예수님은 신성과 인성을 모두 지니셨다. 이것은 타협할 수 없는 진리다.

믿음을 갖기 전에는 예수님을 2000년 전 유대 땅에 태어난 한 인간으로 생각할 수도 있고, 위대한 스승이나 성경책에 등장하는 신화적인 존재, 제자들이 만들어 낸 허구적인 인물, 1세기 이스라엘 사회를 개혁적으로 이끈 혁명가 등으로 생각했을 수도 있다. 예수님을 믿기 전과 후 주님에 대한 생각과 고백이 어떻게 달라졌는지 이야기해 본다.

2　세례 요한은 빛이신 예수님을 증언하고, 모든 사람이 믿게 하려고 하나님으로부터 보내심을 받았다. 당신은 가정과 직장 등 세상에서 어떤 역할을 하고 있으며, 어떻게 예수님을 증언하고 있는가?

관찰문제 3번 참고. 세례 요한은 1장에서 40%나 되는 비중을 차지할 정도로 중요한 인물이지만, 그가 증언하는 빛은 아니다. 공관복음에서 요한은 빛으로 오신 말씀에 대한 증인이다. 그는 보내신 이의 뜻에 부합하도록 오직 하나님이 주신 권위를 근거로 메시아로 오신 말씀에 대해 증언했다.

칼뱅은 요한복음이 세례 요한의 유일한 소명을 그리스도에 대해 증언하기 위해 보내심을 받은 것으로 증언하듯이 교회에서 가르치는 모든 선생도 오직 예수님에 대한 증인이 되어야 한다고 말했다. 우리는 요한처럼 예수님을 증거하는 증인이다. 종이 주인의 영광을 탐하면 안 되는 것처럼, 보내심을 받은 자들이 보내신 이를 욕되게 하면 안 되는 것처럼, 증인에 불과한 우리는 하나님의 영광을 가로채서는 안 된다. 하나님이 보내신 증인으로서 예수님에 대해 복음을 전하고 믿도록 설득해야지 강요해서도 안 된다. 강요하면 할수록 반항하고 반발하는 것이 인간의 본능이다.

전도와 선교의 목적은 영혼을 구원하는 것이 아니다. 하나님이신 예수님에 대해 증언하는 것이다. 그러므로 전도와 선교의 열매에 집착하지 말자. 열매는 하나님이 맺으실 것이다. 우리는 예수님에 대해 증언하는 것으로 만족하고 감사해야 한다. 증언은 과장된 말이나 남의 말로 전하기보다는 자신이 말씀을 통해 듣고 배운 사실과 삶을 통해 직접 체험한 예수님의 이야기를 증거하는 것이 좋다. 각자에게 맡겨진 삶의 자리에서 어떻게 예수님을 증언하고 있는지 나누어 본다.

3 하나님이신 예수님은 친히 육신이 되어 이 세상에 오심으로 우리를 죄와 사망에서 구원하시는 '은혜 위에 은혜'를 베푸셨다. 당신이 죄와 사망에서 구원받았음을 깨닫고 용서하시는 은혜를 경험했을 때는 언제인가?

관찰문제 5번 참고. '은혜'는 하나님이 세상의 죄와 저항을 생각하면 오실 필요가 전혀 없는데도 이 땅에 오셔서 구원을 이루신 일이다. 그러므로 은혜는 신학자들이 아니라 하나님의 은혜를 경험한 사람들이 안다. 예수님 자체가 하나님의 은혜이므로 예수님의 삶과 가르침을 벗어나 은혜를 논하는 일은 의미가 없다. 예수님을 통해 하나님의 최종적이고 종말적인 은혜가 우리에게 임했다.

인간은 스스로 죄와 사망의 문제를 해결할 수 없기 때문에 예수님이 이 땅에 오셨다. 이 문제를 해결하실 수 있는 분은 오직 예수님뿐이다. 우리는 스스로 하나님께 나아갈 수 없음을 깨달을 때 하나님의 은혜를 간구하게 된다. 또한 말로는 다른 사람을 용서하고 사랑하고 축복하겠다고 하지만 시기와 질투와 과거의 상처 등으로 인해 그렇게 할 수 없는 자신의 연약함을 발견하거나, 자신의 죄악된 모습을 볼 때 비로소 우리를 죄에서 용서하시고 구원하신 하나님의 은혜를 깊이 체험하게 된다. 예수님을 뵙기 위해 우리는 더 많이 성경을 읽고 더 자주 묵상하고 배워야 한다. 성경은 우리가 가진 예수님에 대한 유일한 계시이기 때문이다. 그동안의 신앙생활을 돌아보고 우리를 죄와 사망에서 용서하시고 구원하신 하나님의 은혜를 경험했을 때의 이야기를 나누어 본다.

Ⅵ. 마무리

기도로 마무리한다.
제2주 관찰문제를 예습해 오게 한다.
실천과제를 제시한다.

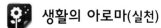 **생활의 아로마**(실천)

예 1) 무언가를 이루고 성취한 일이 내 능력의 결과가 아니라 하나님의 은혜였
음을 인정한다.

2) 예수님이 완전한 하나님이요 완전한 인간이라는 진리를 믿으며 타협하지
않는다.

제2주 주연 되신 '예수님', 조연인 '나'

예수님은 메시아, 곧 우리의 구원자이시고 우리는 예수님의 증인이라는 사실을 알고, 하나님이 말씀하신 그대로 증언하며 살아간다.

KEYWORD 증언, 섬김, 예비

I. 찬양과 기도

II. 지난주 실천과제 나눔

III. 복습문제 풀이

 복습

1 세상이 창조되기 전부터 계셨던 말씀이 우리 가운데 어떻게 오셨는 가? 그가 오신 의미는 무엇이며, 이를 통해 예수님은 누구를 드러내 셨는가?(1:14, 18, Tip)

   a) 말씀이 오신 모습(14절): 육신

   b) 의미(Tip): 예수님이 온전히 사람이 되셨다는 뜻

   c) 예수님이 드러내신 분(18절): 하나님

¹:¹⁹ 유대인들이 예루살렘에서 제사장들과 레위인들을 요한에게 보내어 네가 누구냐 물을 때에 요한의 증언이 이러하니라 ²⁰ 요한이 드러내어 말하고 숨기지 아니하니 드러내어 하는 말이 나는 그리스도가 아니라 한대 ²¹ 또 묻되 그러면 누구냐 네가 엘리야냐 이르되 나는 아니라 또 묻되 네가 그 선지자냐 대답하되 아니라 ²² 또 말하되 누구냐 우리를 보낸 이들에게 대답하게 하라 너는 네게 대하여 무엇이라 하느냐 ²³ 이르되 나는 선지자 이사야의 말과 같이

주의 길을 곧게 하라고

광야에서 외치는 자의 소리로라

하니라 ²⁴ 그들은 바리새인들이 보낸 자라 ²⁵ 또 물어 이르되 네가 만일 그리스도도 아니요 엘리야도 아니요 그 선지자도 아닐진대 어찌하여 세례를 베푸느냐 ²⁶ 요한이 대답하되 나는 물로 세례를 베풀거니와 너희 가운데 너희가 알지 못하는 한 사람이 섰으니 ²⁷ 곧 내 뒤에 오시는 그이라 나는 그의 신발끈을 풀기도 감당하지 못하겠노라 하더라 ²⁸ 이 일은 요한이 세례 베풀던 곳 요단 강 건너편 베다니에서 일어난 일이니라 ²⁹ 이튿날 요한이 예수께서 자기에게 나아오심을 보고 이르되 보라 세상 죄를 지고 가는 하나님의 어린 양이로다 ³⁰ 내가 전에 말하기를 내 뒤에 오는 사람이 있는데 나보다 앞선 것은 그가 나보다 먼저 계심이라 한 것이 이 사람을 가리킴이라 ³¹ 나도 그를 알지 못하였으나 내가 와서 물로 세례를 베푸는 것은 그를 이스라엘에 나타내려 함이라 하니라 ³² 요한이 또 증언하여 이르되 내가 보매 성령이 비둘기 같이 하늘로부터 내려와서 그의 위에 머물렀더라 ³³ 나도 그를 알지 못하였으나 나를 보내어 물로 세례를 베풀라 하신 그이가 나에게 말씀하시되 성령이 내려서 누구 위에든지 머무는 것을 보거든 그가 곧 성령으로 세례를 베푸는 이인 줄 알라 하셨기에 ³⁴ 내가 보고 그가 하나님의 아들이심을 증언하였노라 하니라

말씀 돋보기(관찰)

1 세례 요한은 "네가 누구냐"라고 묻는 제사장들과 레위인들에게 "나는 그가 아니라"라고 대답했다. 요한이 아니라고 답한 세 가지는 무엇인가?(1:20–21)
그리스도, 엘리야, 선지자

> **Tip** 예루살렘 공회(산헤드린, 최고 종교 지도자 모임)에서 요한에 관해 알아보도록 제사장들과 레위인들을 보냈다. 제사장들과 레위인들은 세례 요한에게 "네가 누구냐"라고 물었고, 요한은 자신이 그리스도도, 모세와 같은 선지자도, 하늘로 들림을 받은 엘리야도 아니라고 대답했다. 요한이 공식적으로 고백한 말은 자신은 그리스도가 아니라는 것이다. '그리스도' 는 '기름 부음을 입은 자'라는 뜻을 지닌 히브리어 단어 '메시아'를 헬라어로 번역한 것이다. 당시 유대인들은 그리스도가 오셔서 로마 사람들을 물리치고 유다를 독립된 국가로 세우실 것을 기대했다. 요한이 사람들의 입에 오르내리자 예루살렘 지도자들은 혹시 그도 (사이비)그리스도가 아닌지 확인하기 위해 사람들을 보낸 것이다.
>
> 자신은 메시아가 아니라는 요한의 말에 제사장들과 레위인들은 그가 엘리야인지, 혹은 선지자인지 물었다. 그들이 엘리야라고 묻는 것은 말라기 3:1–5과 4:5–6에 하나님이 오시기 전에 먼저 주의 길을 예비하는 자를 보내실 것이라고 한 말씀을 배경으로 한다. 공관복음에서 예수님은 세례 요한을 가리켜 주의 길을 예비하는 엘리야라고 하신다(마 11:14; 막 9:13). 요한은 자신이 '엘리야의 심령과 능력으로 주 앞에 먼저 와서 아버지의 마음을 자식에게, 거스르는 자를 의인의 슬기에 돌아오게 하려고 왔지만'(눅 1:17), 과거에 불 마차를 타고 하늘로 올라간 엘리야는 아니라고 한다. 예수님도 그가 실제로 들림 받은 엘리야는 아니지만 엘리야의 심령과 능력으로 주의 길을 예비하러 온 사람이므로 엘리야라고 하신다. 제사장들과 레위인들이 요한에게 선지자인지 묻는 것은 신명기 18:15–19

을 배경으로 한다. 하나님은 언젠가 모세와 같은 선지자들을 그들 가운데 보내겠다고 하셨는데, 제사장들과 레위인들은 요한이 모세에 버금가는 바로 '그 예언자'인지 묻는다. 요한은 자신은 모세에 견줄 만한 선지자가 못 된다며 이번에도 아니라고 한다. 요한은 예수님이 자신을 엘리야로 인정하셨음에도 자신이 엘리야에 비교할 만한 사람이 못 된다며 겸손한 모습을 보여 준다.

2 세례 요한은 자신에 대해 어떻게 증언했는가? 또한 그가 외친 메시지는 무엇인가?(1:23)
a) 세례 요한의 증언: 광야에서 외치는 자의 소리
b) 메시지: 주의 길을 곧게 하라

요한은 제사장들과 레위인들의 계속되는 질문에 자신은 '광야에서 외치는 자의 소리'라고 한다. 이 대답은 이사야 40:3을 인용한 것이다. 요한은 외치는 자에게 어떠한 중요성도 부여하지 않은 채 그저 자신은 그분이 외치는 미약한 소리일 뿐이라고 한다. 그는 선포하러 온 것이 아니라 예비하기 위해 왔다. 그의 사역은 예비하는 것에 불과하다.
요한은 사람들에게 "주의 길을 곧게 하라"라고 외쳤다. 그가 주님이 오실 길을 곧게 한다는 것은 사람들에게 하나님을 맞이하고 싶거든 회개하고 세례를 받으라고 외치는 것이다. 요한은 유대 광야에 살면서 하나님의 말씀을 외치는 '광야 선지자'였다. 광야는 새로운 시작을 상징하지만, 한편으로 사람의 생명을 위협하는 곳이기도 하다. 광야에는 먹을 것과 마실 것이 없어서 사람이 오래 생존할 수 없다. 또한 자신이 누리던 모든 것을 포기하는 사람만이 광야로 나갈 수 있다. 그러므로 광야에서 시작되는 하나님의 구원 사역을 경험하고자 하는 사람은 사회적 지위와 편안함 등을 포기하고 온전히 하나님만 바라보아야 한다.

3 세례 요한이 주의 길을 예비하며 사람들에게 행한 것과 상징하는 바는 무엇인가?(1:26, Tip)
a) 세례 요한이 행한 것(26절): 물세례

b) 상징(Tip): 영적인 정결함

 세례 요한은 요단강 건너편 베다니에서 사람들에게 물세례를 베풀었다. 그러면서 자신이 베푸는 물세례는 곧 그의 뒤에 오시는 분의 길을 예비하는 것이라고 했다. 사실 이분(메시아)은 이미 세상에 오셨으므로 곧 사역을 시작하실 것이다. 그러나 무리는 그들 가운데 계신 그분을 알아보지 못한다. 그들은 유대 땅에서 로마 사람들을 내몰고 하나님 나라를 세울 군사적인 정복자 메시아를 기대했지만, 예수님은 고난받는 종으로 오셨다. 예수님이 그들이 기대하던 메시아의 모습으로 오지 않았기 때문에 참 메시아이신 예수님을 알아보지 못했다. 요한은 그들을 향해 그들 앞에 계신 메시아를 보지 못하는 영적 맹인이라고 한다.

요한은 세례에 대한 전제 조건으로 죄에 대한 회개를 요구했다. 그의 세례는 영적인 정결함을 상징한다. 세례는 아브라함의 후손으로 태어난 것만으로는 하나님의 백성이 될 수 없음을 암시한다.

요한은 그의 뒤에 오실 분이 얼마나 위대한지 자기는 그의 신발 끈을 풀 자격도 없다고 한다. 당시 주인과 손님들의 신발을 벗기고 발을 씻기는 일은 종 중에서도 가장 지위가 낮은 자가 하는 천박한 일로 여겨졌다. 그는 예수님께 가장 큰 영광과 존귀를 드리기 위해 자기 자신을 상상할 수 있는 가장 낮은 자로 표현하고 있다.

4 세례 요한은 예수님에 대해 어떻게 증언했는가? 예수님이 자신보다 앞섰다고 하는 이유는 무엇인가?(1:29- 30)
a) 예수님에 대한 요한의 증언(29절): 세상 죄를 지고 가는 하나님의 어린양
b) 예수님이 요한보다 앞선 이유(30절): 요한보다 먼저 계셨기 때문에

 세례 요한은 예수님을 가리켜 '세상 죄를 지고 가는 하나님의 어린양'이라고 한다. '어린양'을 이사야의 종의 노래에 등장하는 '대속적인 양'으로 보는 학자가 많다. "그가 곤욕을 당하여 괴로울 때에도 그의 입을 열지 아니하였음이여 마치 도수장으로 끌려 가는 어린 양과 털 깎는 자 앞에서 잠잠한 양 같이 그의 입을 열지 아니하였도다"(사 53:7). 이 단어는

신약에서 네 차례 사용되는데, 본문에서처럼 모두 예수님이 언급 대상이 되신다(1:29, 36; 행 8:32; 벧전 1:19). 이 단어는 죄 없는 이가 저항하지 않고 묵묵히 고난을 받아 대속적인 죽음을 맞는 일을 묘사한다. 하나님의 어린양이신 예수님은 세상 죄를 지고 가신다. 세상 죄는 온 세상 사람들의 죄, 혹은 하나님이 구원하신 이들의 죄로 해석한다.

세례 요한 뒤에 오신 예수님이 요한을 앞서셨다. '뒤에 오는 사람'은 예수님의 인성을, '나보다 앞선 것'은 예수님의 신성을 강조한다. 요한 뒤에 오신 예수님이 먼저 온 요한보다 더 우월하신 것은 요한보다 먼저 계셨기 때문이다. 세상의 시간으로는 요한이 먼저 태어났지만 예수님은 세상이 시작되기 전부터 계신 분이기에 요한이 오기 전부터 영원하신 하나님과 함께 계셨다. 예수님은 신분적으로 요한과 비교할 수 없는 절대적인 우위에 계신 분이라는 것이 요한의 고백이다.

5 세례 요한은 예수님이 메시아라는 사실을 어떻게 알게 되었으며, 요한이 증언한 예수님은 누구신가?(1:33-34)
a) 메시아라는 사실을 알려 준 분(33절): 비둘기처럼 임한 성령과 하나님의 말씀
b) 예수님의 신분(34절): 하나님의 아들

요한은 성령이 비둘기같이 하늘로부터 내려와 예수님 위에 머무는 것을 보았다. 구약에서는 왕과 사사와 선지자 등이 하나님이 주신 사명을 수행하는 동안 하나님의 영이 일시적으로 그들과 함께했다. 이와는 대조적으로 본문에서 성령은 예수님과 영원히 함께하기 위해 임하셨다. 성령은 예수님이 열어 가실 새로운 시대의 증표다. 그러므로 성령이 내려온 것은 예수님이 메시아이시며, 하나님이 약속하신 시대가 그분을 통해서 시작되었음을 의미한다.

요한은 처음에 예수님이 장차 오실 그분(메시아)이라는 사실을 몰랐다. 하나님은 성령이 누구 위에든지 머무는 것을 보면 그가 곧 성령으로 세례를 베푸실 분이라고 말씀하셨다. 요한은 예수님이 그토록 기다리던 메시아라는 사실을 비둘기처럼 임한 성령과 하나님의 말씀을 듣고 비로소 알게 된 것이다.

요한은 자신이 경험한 일(성령이 비둘기처럼 내려오고 하나님이 말씀하신 것)을 토대로 예수님이 하나님의 아들이심을 증언한다. 요한복음은 이미 프롤로그에서 예수님을 '유일무이한 아들'(1:14)이라고 말했다.

삶의 내비게이션(적용)

1 세례 요한은 이미 예수님과 아는 사이였지만, 하나님의 때가 되어서야 예수님이 메시아라는 사실을 알게 되었다. 처음에는 몰랐지만 나중에 알고 보니 하나님의 철저한 계획에 따라 이루어진 은혜였던 일은 무엇인가?

관찰문제 4, 5번 참고. 예수님과 요한은 친척 관계이며, 요한은 어머니 배 속에서부터 예수님을 알았다. 그러나 요한은 예수님이 바로 그의 뒤에 '오시는 분', 혹은 하나님의 독생자라는 사실은 몰랐다. 그렇다면 요한은 어떻게 예수님이 메시아라는 사실을 알게 되었는가? 바로 성령의 계시를 통해서다. 참 지식은 인간이 노력해서 얻을 수 있는 것이 아니라, 하나님이 계시로 주시는 선물이다. 하나님의 구원 역사는 철두철미한 계획에 따라 이뤄진다. 하나님은 세상 죄를 지고 갈 어린양으로 예수님을 보내시기 전에 요한을 보내 주의 길을 예비하게 하셨다. 요한과 예수님은 서로 아는 사이였지만, 하나님의 때가 되어서야 예수님이 바로 오실 그분이라는 사실을 요한이 알도록 계획하셨다. 우리의 구원 여정에서도 우연히 된 일은 없다. 모든 것이 하나님의 철저한 계획에 따라 이뤄진 은혜이자 선물이다. 성도들은 이러한 하나님의 섭리를 지금 당장은 잘 느끼지 못해도 시간이 지난 후에 깨닫는 경험을 자주 하게 된다. 예를 들면, 갑자기 질병이 찾아와 수술하게 되었는데 그보다 더 심각한 다른 병을 발견하게 되어 때를 놓치지 않고 치료하게 된 경험, 직장에서 해고당했지만 오히려 자신에게 맞는 새 직업을 찾게 된 경험, 사랑하는 가족을 잃고 힘든 시간을 보내는 중에 믿음의 가정이 세워진 경험, 나누려고 한 것이 내가 계획한 곳보다 더 필요한 곳으로 가게 된 경험 등이 있다. 각자 경험한 하나님의 계획에 따라 이루어진 은혜나 일들을 이야기해 본다.

2 세례 요한은 자신은 광야에서 외치는 자의 소리일 뿐 그의 뒤에 오실 분이 얼마나 위대한지 그의 신발 끈을 풀 자격도 없다며 자신을 가장 낮은 자로 표현했다. 당신의 삶에서 가장 낮은 자리로 내려가 섬겨야 할 사람은 누구인가?

관찰문제 1, 3번 참고. 세례 요한을 통해 우리 삶과 사역에서 오직 예수님만 높이고 우리 자신은 보이지 않을 때까지 낮아지고 또 낮아져야 한다는 것을 깨닫게 된다. 요한은 당시 엄청난 센세이션을 일으킨 사역자였다. 오죽하면 예루살렘에 있는 종교 지도자들이 여러 제사장과 레위인을 보내 그에 관해 알아보라고 먼 길을 보냈겠는가! 그러나 요한 자신은 장차 오실 메시아(예수님)의 신발 끈을 풀기도 감당하지 못한다고 한다. 우리가 요한처럼 자신을 끝까지 낮추어 오직 예수님의 자비와 긍휼만을 높이는 사역을 한다면 섬길 수 없는 사람이 없고 너무 추해서 구원에 합당하지 않은 사람도 없다. 겸손은 모든 그리스도인 사역자가 지녀야 할 가장 중요한 덕목이다.

우리는 사역의 자리에서 나보다 높은 자리에 있다고 생각하는 사람을 섬기는 일에는 익숙하지만, 나보다 부족하다고 생각되는 사람보다 낮은 자리로 내려가 섬기는 것은 어려워한다. 하지만 우리 주변을 돌아보면 가장 낮은 자리에 나아가 되돌려 받을 것 없는 사람들(예를 들면, 알코올 의존자, 가출 청소년, 노숙자, 미혼모 등)에게 은혜를 베푸는 선한 사마리아 사람 같은 자들이 있다. 섬김은 상대방이 높은 자리에 있거나 또는 낮은 자리에 있거나 상관없이 긍휼히 여기는 마음이 필요하다. 각자의 삶에서 섬김과 돌봄이 필요한 사람은 누구인지 돌아보고, 왜 그 사람을 섬기고 싶은 마음이 들었는지 이야기해 본다.

3 세례 요한은 하나님과 성령께서 보여 주고 들려주신 사실대로 사람들에게 증언했다. 당신은 전도할 때 예수님의 증인으로서 어떻게 증언하고 있는가?

관찰문제 5번 참고. 요한은 주의 길을 예비하는 자로서 메시아를 실제로 보았고, 선지자로서 법적으로 유효한 증언을 했다. 요한은 어떠한 꾸밈도 없이 하나님으로부터 듣고 눈으로 본 것을 증언했다.

우리 또한 예수님의 증인으로서 하나님과 성령께서 보여 주시고 들려주시는 것만 말하면 된다. 전도는 경험하지 않은 일을 꾸며 내는 것이 아니다. 복음을 나누는 일은 우리가 경험한 하나님에 관해 말하는 것이다. 성경 말씀을 통해 깨닫게 된 진리, 곧 예수님은 그리스도시요 살아 계신 하나님의 아들이시며(마 16:16), 십자가에서 죽으심으로 많은 사람을 구원하신 구원자이시며, 고아와 과부와 가난한 자들을 불쌍히 여기시는 사랑의 주님이시며, 죽은 자도 살리시고 바다와 바람도 잔잔하게 하시는 전능하신 하나님이시라는 사실을 성경에 기록된 그대로 증언할 수 있다. 또한 성경 속에 등장하는 예수님의 사랑과 은혜를 삶에서 직접 체험한 이야기를 증언할 때 복음이 더 생생하게 전달된다. 복음은 말보다 일상에서 행함과 삶으로 전달될 때 가장 효과적이다. 과거에 다른 사람에게 예수님을 증언했던 경험이나 현재 어떻게 증언하고 있는지 나누고 서로 도전하는 시간을 갖는다.

Ⅶ. 마무리

기도로 마무리한다.
제3주 관찰문제를 예습해 오게 한다.
실천과제를 제시한다.

 생활의 아로마(실천)

> 예 1) 가정이나 직장에서 나로 인해 전도가 막히고 있는 부분은 없는지 점검하고 바로잡는다.
>   2) 지금 나의 섬김과 돌봄이 필요한 자들이 누구인지 돌아보고 구체적인 섬김을 실천한다.

제3주 예수님 때문에 살맛 나는 인생

요한복음 2:1-12

학습목표

우리 삶의 필요와 문제는 예수님을 찾는 기회임을 알고, 기적을 행하시는 예수님께 간구하는 삶을 살아간다.

KEYWORD **표적, 순종, 변화**

Ⅰ. 찬양과 기도

Ⅱ. 지난주 실천과제 나눔

Ⅲ. 복습문제 풀이

 복습

1 세례 요한은 예수님이 메시아라는 사실을 어떻게 알게 되었으며, 요한이 증언한 예수님은 누구신가?(1:33-34)
   a) 메시아라는 사실을 알려 준 분(33절): 비둘기처럼 임한 성령과 하나님의 말씀
   b) 예수님의 신분(34절): 하나님의 아들

²:¹ 사흘째 되던 날 갈릴리 가나에 혼례가 있어 예수의 어머니도 거기 계시고 ² 예수와 그 제자들도 혼례에 청함을 받았더니 ³ 포도주가 떨어진지라 예수의 어머니가 예수에게 이르되 저들에게 포도주가 없다 하니 ⁴ 예수께서 이르시되 여자여 나와 무슨 상관이 있나이까 내 때가 아직 이르지 아니하였나이다 ⁵ 그의 어머니가 하인들에게 이르되 너희에게 무슨 말씀을 하시든지 그대로 하라 하니라 ⁶ 거기에 유대인의 정결 예식을 따라 두세 통 드는 돌항아리 여섯이 놓였는지라 ⁷ 예수께서 그들에게 이르시되 항아리에 물을 채우라 하신즉 아귀까지 채우니 ⁸ 이제는 떠서 연회장에게 갖다 주라 하시매 갖다 주었더니 ⁹ 연회장은 물로 된 포도주를 맛보고도 어디서 났는지 알지 못하되 물 떠온 하인들은 알더라 연회장이 신랑을 불러 ¹⁰ 말하되 사람마다 먼저 좋은 포도주를 내고 취한 후에 낮은 것을 내거늘 그대는 지금까지 좋은 포도주를 두었도다 하니라 ¹¹ 예수께서 이 첫 표적을 갈릴리 가나에서 행하여 그의 영광을 나타내시매 제자들이 그를 믿으니라 ¹² 그 후에 예수께서 그 어머니와 형제들과 제자들과 함께 가버나움으로 내려가셨으나 거기에 여러 날 계시지는 아니하시니라

🔍 말씀 돋보기(관찰)

1 예수님과 제자들이 초대받은 잔치는 어떤 자리이며, 그곳에서 무슨 문제가 발생했는가?(2:2–3)

    a) 잔치(2절): 혼례(혼인 잔치)

    b) 문제(3절): 포도주가 떨어짐

> **Tip**
>
> 갈릴리 가나에서 열리는 혼인 잔치에 예수님과 어머니와 제자들이 초청받았다. 가나의 혼인 잔치는 종말에 있을 메시아의 잔치를 상징한다. 혼례는 유대인들에게 매우 중요한 일로 혼례 시 신부의 집에서 일주일 동안 잔치를 열었다. 혼인 잔치는 기쁨과 즐거움의 상징이었으며, 사전에

충분한 시간을 두고 공고함으로써 문제가 없도록 준비했다.

그런데 혼인 잔치 중에 포도주가 동났다. 포도주는 고대 근동 사람들의 일상 중 일부였으며, 잔치에서도 매우 중요한 자리를 차지했다. 결혼은 두 사람이 아니라 두 집안의 연합인 만큼, 잔치에서 포도주가 동나는 것은 잔치를 주관한 두 집안에 큰 수치를 안겨 주는 일이었다. 술이 동난 혼인 잔치는 상황이 참으로 심각하다.

어머니가 예수님을 찾아와 잔치에 포도주가 없다고 알려 주었다. 혹시 예수님이 개입해 문제를 해결하지 않으실까 해서 사실을 알린 것이다. 그녀는 예수님이 어떤 일을 하실지는 모르지만 옳은 일을 하실 것을 안다.

2 예수님이 기적 행하기를 주저하신 이유는 무엇이며, 마리아는 하인들에게 어떻게 하라고 당부했는가?(2:4-5)

a) 이유(4절): 아직 주님의 때가 이르지 않았기 때문에

b) 마리아의 당부(5절): "예수님이 무슨 말씀을 하시든지 그대로 하라"

예수님은 어머니에게 잔치에 술이 떨어진 것이 자기와 무슨 상관이 있냐고 반문하신다. 잔치에서 일어난 일과 그분 사이에 거리를 두시는 듯한 느낌을 주는 표현이다. 그렇다면 예수님은 왜 기적 행하기를 주저하시는가? 아직 주님의 때가 이르지 않았기 때문이다. '때'는 적절한 시간을 뜻한다. 그렇다면 이때는 언제를 말하는가? 십자가 죽음을 통해 온 세상을 구원하시는 때다.

어머니는 예수님이 말씀은 이렇게 해도 문제를 곧 해결하실 것을 믿었다. 그러므로 하인들에게 예수님이 어떤 명령을 내리시든 그대로 하라고 당부했다. 마리아는 기대하고 견디고 기다리는 믿음의 좋은 사례라 할 수 있다.

3 예수님은 하인들에게 어떻게 하라고 명령하셨는가? 하인들은 어떻게 반응했으며, 어떤 기적이 일어났는가?(2:7-9)

a) 예수님의 명령(7-8절): "항아리에 물을 채우고, 떠서 연회장에게 갖다 주라"

b) 하인들의 반응(8절): 예수님의 명령대로 행함

c) 기적(9절): 물이 포도주로 변함

예수님은 종들에게 항아리에 물을 채운 후 그 물을 떠서 연회장(책임자)에게 가져다주라고 하셨다. 항아리는 정결 예식에 사용하는 물을 저장하는 데 사용되었다. '장로들의 전통'은 음식을 먹기 전에 반드시 깨끗한 물로 손을 씻어 정결 예식을 치러야 한다고 했기 때문에 종들은 손님들의 손에 물을 부어 씻게 했다.

하인들은 예수님이 말씀하신 대로 물을 떠서 연회장에게 갖다주었고, 그 순간 물이 포도주로 변하는 기적이 일어났다. 아마도 항아리 안에 있는 물이 한순간에 모두 포도주로 변했을 것이다. 종들은 예수님의 말씀에 순종해 기적을 경험했다. 이 이야기의 강조점은 정결 예식에 사용하던 항아리에 물이 아귀까지 찼다는 것이다. 물이 상징하는 옛 시대는 차고, 술이 상징하는 새로운 시대, 곧 메시아의 시대가 시작되었다. 예수님은 옛적에 모세를 통해 세우신 율법 위에 하나님 나라의 새로운 율법을 세우셨다. 물을 포도주로 변화시키신 것처럼 유대교도 놀라운 변화를 경험하게 될 것이다. 한 가지 확실한 것은 율법에 따라 사람을 정결하게 하는 물이 기쁨을 주는 축하주로 변화되었다는 사실이다.

4 이 기적의 주인공은 누구인가? 물이 포도주로 변한 사실을 알지 못하는 연회장은 누구를 칭찬했는가?(2:9-10)
  a) 기적의 증인(9절): 물 떠온 하인들
  b) 칭찬받은 사람(9-10절): 신랑

잔치를 진행하던 연회장이 포도주를 맛보니 참으로 좋은 포도주여서 감동했다. 종들이 연회장에게 건넸을 때 물은 이미 포도주로 변해 있었다. 종들은 알지만 연회장은 이 좋은 포도주가 어디서 났는지 알지 못한다. 높은 위치에 있어 알아야 할 사람은 모르고, 낮은 지위에 있어 몰라도 될 사람들은 아는 것이 다소 아이러니하다. 하나님 나라가 종종 이렇다. 반드시 알아야 하거나 알 만한 사람들은 모르고, 오히려 기대하지 않은 사람들이 알아본다. 이 일은 앞으로 예수님을 통해 임할 하나님 나라가 어떤 것인지 조금 맛보게 한다. 하나님 나라는 세상의 가치나 관례와 다르다. 심지어 처음 된 것이 나중 되고, 나중 된 것이 처음 되기도 한다.

또한 물을 술로 바꾸는 기적은 예수님이 행하셨는데, 칭찬은 신랑이 받는다. 우리도 우리 안에서 착한 일을 행하신 하나님 덕분에 오히려 우리가 칭찬받는 일을 경험하고는 한다. 잔치가 진행됨에 따라 더 좋은 술이 나오는 것은 우리와 하나님의 관계도 시간이 지날수록 더 좋아지고 깊어지는 것을 뜻한다.

5 요한은 예수님이 물을 포도주로 만드신 기적을 무엇이라고 표현했으며, 그 효과는 어떠했는가?(2:11)

a) 기적을 표현한 단어: 표적

b) 효과: 하나님의 영광이 나타나 제자들이 예수님을 믿음

 요한은 예수님이 물로 술을 만드신 일이 첫 번째 표적이라고 한다. '첫 번째'의 더 정확한 번역은 '시작'이다. 예수님이 세우고자 하시는 하나님 나라가 이 표적을 통해 시작되었다. 하나님 나라는 영원으로 이어질 것이다. 공관복음에서는 예수님이 행하신 기적을 주로 '권능'이라고 표현하며 목격한 사람들의 놀람을 강조한다. 하지만 요한은 기적을 계속 '표적'이라고 표현한다. 표적은 그동안 숨겨져 있던 일이 드러났음을 부각하는 용어다. 이 일을 통해 하나님의 임재가 온 세상에 드러났다.

요한은 이 기적을 통해 하나님이 영광을 나타내셨다고 한다. 하나님이 자기 영광을 나타내시는 목적은 분명하다. 믿게 하기 위해서다. 제자들은 하나님의 영광을 보고 예수님을 믿었다. 제자들은 표적을 믿은 것이 아니라 그 표적을 행하신 하나님을 믿은 것이다. 요한은 독자들로 하여금 예수님이 하나님의 아들 그리스도이심을 믿게 하려고 복음서를 저작했는데, 그 목적이 성취되고 있음을 보여 준다.

삶의 내비게이션(적용)

1 마리아는 혼인 잔치에 포도주가 떨어진 것을 예수님께 알린 후 기대하며 기다렸다. 당신이 어려운 일을 당해 기적을 바라며 예수님께 나아갔던 경험과 현재 기다리고 있는 것은 무엇인가?
관찰문제 1, 2번 참고. 마리아는 혼인 잔치 중에 문제가 생기자 기대하는 마음으로 예수님께 상황을 알렸다. 이처럼 우리의 필요와 문제는 예수님을 찾는 기회가 될 수 있다. 그러므로 위기를 맞거나 어려움을 당할 때 홀로 해결하려 하지 말고 예수님께 알려야 한다. 주님은 반드시 우리를 도우실 것이다. 설령 그 도움이 우리의 생각과 바람과 다를 때가 있을지라도 예수님은 우리에게 가장 필요한 것이 무엇인지 아시고 항상 선한 길로 인도하신다.
기적을 바란다면 기적을 행하시는 예수님께 간구해야 한다. 우리가 항아리를 물로 채운다고 해서 포도주가 되지는 않는다. 우리 주변의 어떤 이들은 특정 기도원이나 약수터 물에 사람을 치료하는 능력이 있다고 착각한다. 그렇지 않다. 치유와 기적은 예수님이 행하실 때 일어난다. 그러므로 기적을 바란다면 예수님께 간구하고 주님 말씀에 순종해야 한다. 갑작스러운 질병, 경제적인 빈곤, 슬럼프, 교통사고, 시험 등을 앞두고 기적이 일어나기를 바라며 기도와 예배로 주님께 나아갔던 경험이 있는지, 현재 기다리고 있는 것은 무엇인지 이야기해 본다.

2 예수님이 행하신 기적으로 인해 혼인 잔치에 기쁨이 충만했고 제자들은 예수님을 믿게 되었다. 당신의 삶에서 가장 기쁘고 행복했던 순간은 언제인가?
관찰문제 5번 참고. 하나님 나라는 우리에게 기쁨과 행복을 준다. 예수님의 사역을 알리는 기적은 잔치에 참석한 모든 사람을 기쁘고 행복하게 만들었다. 심지어 연회장도 감동했다. 우리는 우리 안에 임한 하나님 나라를 마음껏 누리고 즐겨야 한다. 이 땅에 사는 동안에도 우리는 기뻐하며 살 수 있다. 또한 종말에 임할 메시아의 잔치가 더 성대하고 더 감동적일 것을 기대해도 좋다. 우리 삶은 예수님이 마련해 주신 기쁨과 즐거움을 이 순간과 미래에 계속 누리며 사는 것이기 때문이다.

우리 인생에는 행복과 기쁨을 맛보는 순간이 많다. 영적으로는 예수님을 구주로 영접한 순간, 세례를 받던 날, 주님을 만나는 영적 체험의 순간 등이 있고, 육적으로는 결혼 예식이나 자녀가 태어난 날, 원하던 대학이나 직장에 합격한 날, 매일의 일상에서 사랑하는 가족들과 보내는 식사 시간이나 여행 등이 행복한 순간으로 기억될 수 있다. 각자의 삶에서 가장 기쁘고 행복한 순간은 언제였는지 이야기해 본다.

3 하인들은 예수님의 말씀에 순종함으로 예수님의 기적을 경험하는 은혜를 누렸다. 당신의 삶에서 예수님의 말씀에 순종해야 할 부분은 무엇인가?

관찰문제 3, 4번 참고. 가나 혼인 잔치에서 물로 포도주를 만드신 기적은 예수님이 이 땅에 임하신 하나님이심을 보여 주는 표적(숨겨져 있던 일이 드러났다는 의미)이다. 이 첫 번째 표적으로 인해 제자들은 하나님의 영광을 보고 예수님을 믿었다. 그들은 표적을 행하신 예수님이 곧 하나님이심을 믿은 것이다. 기적이 믿음을 일으키는 것이 아니라 예수님이 믿음을 일으키신다. 그러므로 우리가 예수님을 믿게 된 것이 가장 큰 축복이요 기적이라고 할 수 있다.

혼인 잔치에 포도주가 떨어지는 문제는 결국 예수님의 기적을 경험하는 기회가 되었을 뿐 아니라, 예수님을 믿고 생명을 얻는 천국 잔치의 기쁨을 맛보는 시간이 되었다. 예수님의 기적에 많은 사람이 믿음으로 동참했다. 마리아는 포도주가 떨어진 문제를 가지고 예수님께 나아갔고, 하인들에게 예수님이 무슨 말씀을 하시든지 그대로 하라고 지시했다. 그녀는 예수님을 향한 놀라운 믿음을 소유하고 있다. 하인들의 순종 또한 이에 못지않다. 그들은 항아리에 물을 채우고 그 물을 연회장에게 떠다 주라는 예수님의 말씀을 그대로 믿고 순종했다. 믿음은 순종을 필요로 한다. 각자의 삶에서 예수님의 말씀에 순종하지 못하고 차일피일 미루고 있는 부분은 무엇인지 나누고 결단의 시간을 갖는다.

기도로 마무리한다.
제4주 관찰문제를 예습해 오게 한다.
실천과제를 제시한다.

생활의 아로마(실천)

예 1) 예수님 보시기에 나에게 가장 필요한 기적은 무엇인지 생각해 보고, 주님
께 구체적으로 간구한다.

엑스포지멘터리 성경공부 시리즈 · 요한복음 l 인도자용

제4주 영생을 여는 열쇠 = 독생자 예수!

요한복음 3:1-21

학습목표

예수님이 세상에 오신 것은 우리를 구원하시기 위한 것임을 알고, 그 은혜와 사랑에 감격하며 기쁨으로 주님께 나아가는 믿음의 태도를 갖는다.

KEYWORD **거듭남, 영생, 구원**

I. 찬양과 기도

II. 지난주 실천과제 나눔

III. 복습문제 풀이

 복습

1 요한은 예수님이 물을 포도주로 만드신 기적을 무엇이라고 표현했으며, 그 효과는 어떠했는가?(2:11)

a) 기적을 표현한 단어: 표적

b) 효과: 하나님의 영광이 나타나 제자들이 예수님을 믿음

^{3:1} 그런데 바리새인 중에 니고데모라 하는 사람이 있으니 유대인의 지도자라 ² 그가 밤에 예수께 와서 이르되 랍비여 우리가 당신은 하나님께로부터 오신 선생인 줄 아나이다 하나님이 함께 하시지 아니하시면 당신이 행하시는 이 표적을 아무도 할 수 없음이니이다 ³ 예수께서 대답하여 이르시되 진실로 진실로 네게 이르노니 사람이 거듭나지 아니하면 하나님의 나라를 볼 수 없느니라 ⁴ 니고데모가 이르되 사람이 늙으면 어떻게 날 수 있사옵나이까 두 번째 모태에 들어갔다가 날 수 있사옵나이까 ⁵ 예수께서 대답하시되 진실로 진실로 네게 이르노니 사람이 물과 성령으로 나지 아니하면 하나님의 나라에 들어갈 수 없느니라 ⁶ 육으로 난 것은 육이요 영으로 난 것은 영이니 ⁷ 내가 네게 거듭나야 하겠다 하는 말을 놀랍게 여기지 말라 ⁸ 바람이 임의로 불매 네가 그 소리는 들어도 어디서 와서 어디로 가는지 알지 못하나니 성령으로 난 사람도 다 그러하니라 ⁹ 니고데모가 대답하여 이르되 어찌 그러한 일이 있을 수 있나이까 ¹⁰ 예수께서 그에게 대답하여 이르시되 너는 이스라엘의 선생으로서 이러한 것들을 알지 못하느냐 ¹¹ 진실로 진실로 네게 이르노니 우리는 아는 것을 말하고 본 것을 증언하노라 그러나 너희가 우리의 증언을 받지 아니하는도다 ¹² 내가 땅의 일을 말하여도 너희가 믿지 아니하거든 하물며 하늘의 일을 말하면 어떻게 믿겠느냐 ¹³ 하늘에서 내려온 자 곧 인자 외에는 하늘에 올라간 자가 없느니라 ¹⁴ 모세가 광야에서 뱀을 든 것 같이 인자도 들려야 하리니 ¹⁵ 이는 그를 믿는 자마다 영생을 얻게 하려 하심이니라 ¹⁶ 하나님이 세상을 이처럼 사랑하사 독생자를 주셨으니 이는 그를 믿는 자마다 멸망하지 않고 영생을 얻게 하려 하심이라 ¹⁷ 하나님이 그 아들을 세상에 보내신 것은 세상을 심판하려 하심이 아니요 그로 말미암아 세상이 구원을 받게 하려 하심이라 ¹⁸ 그를 믿는 자는 심판을 받지 아니하는 것이요 믿지 아니하는 자는 하나님의 독생자의 이름을 믿지 아니하므로 벌써 심판을 받은 것이니라 ¹⁹ 그 정죄는 이것이니 곧 빛이 세상에 왔으되 사람들이 자기 행위가 악하므로 빛보다 어둠을 더 사랑한 것이니라 ²⁰ 악을 행하는 자마다 빛을 미워하여 빛으로 오지 아니하나니 이는 그 행위가 드러날까 함이요 ²¹ 진리를 따르는 자는 빛으로 오나니 이는 그 행위가 하나님 안에서 행한 것임을 나타내려 함이라 하시니라

말씀 돋보기(관찰)

1 니고데모는 언제 예수님을 찾아왔으며, 예수님을 누구라고 고백했는가?(3:1-2)

a) 찾아온 때(2절): 밤

b) 고백(2절): 하나님께로부터 오신 선생

> **Tip**
>
> 니고데모가 유대인의 지도자였다는 것은 유대교 최고 결정 기관인 공회(산헤드린)의 멤버였음을 의미한다. 그가 밤에 예수님을 찾아온 것은 자신의 지위와 남의 눈을 고려했기 때문이다. 그의 방문은 영접과 부인의 갈림길에서 고민하는 사람들의 긍정적인 면과 부정적인 면을 동시에 지녔다고 할 수 있다. 니고데모는 예수님이 선포하시는 진리에 대해 잘 모르지만 알고 싶어서 찾아온 진실한 사람이다. 그가 진솔한 구도자였으며 회심한 사실은 훗날 바리새인들과 종교 지도자들 앞에서 예수님을 변호한 일과 예수님이 숨을 거두신 후 아리마대 사람 요셉과 함께 예수님의 시신을 수습해 장례를 치른 것에서 드러난다.
>
> 니고데모는 예수님을 존경하는 의미에서 '랍비'와 '선생'으로 부른다. 그는 예수님을 모세에 버금가는 분이며 율법과 선지자에 대해 새로운 해석을 제시하는 분으로 이해한다. 그가 예수님이 행하신 표적을 근거로 예수님이 하나님으로부터 오신 선생이라고 한 것을 보면, 예수님에 대한 지식이 완벽하지 않지만 점차 알아 갈 것이다. 진실한 마음으로 예수님을 찾아왔기 때문이다.

2 사람이 하나님 나라를 볼 수 있는 상태는 무엇인가? 그것의 두 가지 의미는 무엇인가?(3:3, Tip)

a) 상태(3절): 거듭남

b) 두 가지 의미(Tip): (1) 시간적인 의미- '다시'

　　　　　　　　　　(2) 공간적인 의미- '위(하늘)로부터'

예수님은 사람이 거듭나지 아니하면 하나님 나라를 볼 수 없다고 하신다. '거듭남'에서 '거듭'은 부사이며, (1)시간적인 의미로 '다시' (2)공간적인 의미로 '위(하늘)로부터'라는 두 가지 의미를 지닌다. 예수님은 하나님 나라를 보려면 시간적으로 한 번 더 태어나는 것(제2의 탄생)이 필요하며, 공간적으로 새로 태어나는 것은 사람이 할 수 있는 일이 아니라 하늘에서 비롯되는 것이라고 하신다. 즉, 완전하고 전인격적으로 변화되어야 한다는 것이다.

'하나님 나라'는 하나님의 다스림과 주권을 상징한다. 선지자들은 종말에 다윗의 후손이 하나님 나라를 다스릴 것이라고 했다. 니고데모는 구약의 율법만 잘 지키면 하나님 나라를 볼 수 있으리라고 생각했다. 그러나 예수님은 하나님 나라는 율법으로 갈 수 없으며, 반드시 거듭나야 갈 수 있다고 하신다. 하나님이 하늘에서 정하신 사람들만 하나님 나라를 볼 수 있다는 것이다.

3 니고데모는 거듭남을 어떻게 이해했으며, 예수님은 거듭남이 무엇이라고 말씀하셨는가?(3:4-5)

a) 니고데모가 이해한 거듭남(4절): 두 번째로 모태에 들어갔다가 다시 태어나는 것

b) 예수님이 말씀하시는 거듭남(5절): 물과 성령으로 거듭나는 것

니고데모는 '거듭남'을 시간적으로 이해했다. 그러므로 오래전에 태어나 이미 늙은 사람이 어떻게 다시 태어날 수 있느냐고 말했다. 그는 하나님 나라에 대해 아는 것이 없다. 유대인들은 구약 중에서도 모세 오경(창세기, 출애굽기, 레위기, 민수기, 신명기)에만 집착했기 때문에 선지서가 담고 있는 하나님 나라에 대한 가르침에 대해서는 아는 것이 없었다. 구약 선지서는 종말에 하나님이 영을 부어 주실 것이라고 한다(욜 2:28-32). 또한 물과 영을 함께 주신다고 한다(사 44:3). 에스겔은 종말에 하나님이 물과 영을 통해 사람들을 새롭게 하실 것이라고 한다(겔 36:25-27).

예수님은 사람이 물과 성령으로 나지 않으면 하나님 나라에 들어갈 수 없다고 하신다. 물과 성령으로 나는 것은 곧 거듭나는 것이다. 그렇다면 왜 물과 성령으로 거듭나야 하는가? 육으로 난 것은 육이요 영으로 난 것은 영이기 때문이다. 영과 육은 서로 전혀 다른 영역에 속하기 때문에 영은 육에서 육은 영에서 그 무엇도 취할 수 없다. 그러므로 이미 육으로 태어난 사람은 반드시 영으로 거듭나야 하나님 나라에 들어갈 수 있다. 사람이 거듭나는 것은 삼위일체 하나님이 하시는 일이며, 성령의 사역이다. 그러나 아들(예수님)이 없이는 불가능한 일이다. 하나님이 누구든지 예수님을 영접하는 사람에게만 자녀가 되는 권세를 주셨기 때문이다.

구약은 종말에 하나님이 영을 부어 주실 것이라고 한다. 또한 물과 영을 함께 주신다고 한다. 에스겔은 종말에 하나님이 물과 영을 통해 사람들을 새롭게 하실 것이라고 한다. 그러므로 예수님이 물과 성령으로 나야한다고 하시는 것은 구약 예언의 성취라 할 수 있다.

4 예수님이 말씀하신 '땅의 일'과 '하늘의 일'은 각각 무엇이며, 예수님이 십자가에 들리시는 목적은 무엇인가?(3:12-15, Tip)

a) '땅의 일'(Tip): 이미 말씀이 육신으로 오시고 빛이 어두운 세상을 비추고 있는 일, 곧 예수님을 통해 시작된 하나님 나라

'하늘의 일'(Tip): 종말에 온전히 임할 하나님의 나라와 통치

b) 십자가에 들리신 목적(15절): 그(예수님)를 믿는 자마다 영생을 얻게 하기 위해서

메시아이신 예수님은 그분이 알고 본 것에 대해 증언하신다. 성육신하신 하나님이 직접 계시해 주셨지만, 율법에만 익숙해져 있는 니고데모는 전혀 들어 보지도 생각해 보지도 못한 것이기에 쉽게 동의하거나 받아들이지 못한다. 예수님은 이 세상에 일어나는 일에 대해 말해도 믿지 않는 자들이 더 놀랍고 믿기지 않는 하늘의 일에 대해 말하면 어떻게 믿겠느냐고 하신다. '땅의 일'은 말씀이 육신으로 오시고 빛이 어두운 세상을 비추고 있는 일, 곧 예수님을 통해 시작된 하나님 나라다. '하늘의 일'은 종말에 온전히 임할 하나님의 나라와 통치다. 물과 성령으로 거듭나야 예수님을 통해 시작된 하나님 나라에 들어갈 수 있다는 사실도 믿지 않는데, 종말에 있을 일에 관해 얘기해 봤자 어떻게 믿겠냐는 논리다. 예수님

은 태초부터 하늘에서 하나님 아버지와 계시다가 이 땅에 잠시 내려오신 하나님이시기 때문에 하늘의 일과 땅의 일에 관해 말할 권세를 가지신 유일한 분이다.

예수님은 하늘에서 내려온 자신을 '인자'라고 하신다. '인자'는 고난받기 위해 오신 메시아를 상징하는 타이틀이다. 옛적에 광야에서 이스라엘 백성이 하나님께 죄를 범해 뱀에 물려 죽어 갈 때 모세가 뱀을 높이 들어서 그 뱀을 본 사람들을 살린 것처럼 예수님도 들려서 하나님께 나아가는 길이 되어 주실 것이다. 모세가 들어 올린 장대는 임시방편이었지만 예수님이 달리신 십자가는 영구적이다. 모세는 별 희생 없이 한 일이지만, 예수님은 자기 몸(죽음)을 통해 구원을 이루신다.

예수님은 자신이 십자가에 들리시는 목적을 분명하게 말씀하신다. 예수님을 믿는 자마다 영생을 얻게 하기 위해서다. 첫 창조 때 온 세상에 생명을 주신 '말씀'(예수님)이 이번에는 믿는 자들에게 영생을 주기 위해 오셨다. 예수님이 십자가에 들리셔야(죽으셔야) 그를 믿는 사람들이 영생을 얻는다.

5 하나님이 세상에 독생자 예수를 보내신 목적은 무엇인가? 빛으로 오신 예수님을 대하는 악인들과 의인들의 반응은 어떻게 다른가? (3:16-17, 20-21)

a) 예수님을 보내신 목적(16-17절): 누구든지 그(예수님)를 믿는 자마다 멸망하지 않고 영생을 얻게 하기 위해서

b) 빛을 대하는 악인과 의인들의 반응 차이(20-21절): 악인들은 빛을 미워하고 빛으로 오지 않으나, 의인들은 빛으로 나옴

 하나님이 세상을 얼마나 사랑하셨는지 '독생자'(유일무이한 아들)를 죄로 얼룩진 세상에 주셨다. 하나님이 세상에 아들을 주신 것은 누구든지 그를 믿는 자마다 멸망하지 않고 영생을 얻게 하기 위해서다. 말씀이 육신이 되신 예수님이 하시는 모든 말씀과 행동은 세상에 대한 하나님의 사랑을 표현하고 실천하는 것이다. 그러므로 복음의 핵심은 하나님의 구속하시는 사랑의 실천에 대한 선언이다. 복음은 사람들을 영생을 얻는 자

와 멸망할 자로 구분하는 하나님의 능력이다.

복음은 세상으로 구원받게 하려는 하나님의 뜻이다. 예수님이 이 땅에 오신 목적은 죄에서 헤매는 인류를 구원하기 위해서다. 예수님은 심판보다 훨씬 더 크고 위대한 목적인 구원을 이루기 위해 성육신하셨다. 또한 복음은 믿는 자들과 믿지 않는 자들을 심판으로 구별한다. '믿는 자'(현재형 분사)는 예수님을 전적으로 그리고 지속적으로 의지하는 사람이다. 한편, 믿지 아니하는 자는 이미 심판을 받았다(완료형 동사). 그들이 심판을 받은 이유는 딱 한 가지다. 하나님 독생자의 이름을 믿지 않았기 때문이다. 그러므로 우리는 "나는 부족하여도 영접하실 터이니 예수 공로 의지하여 항상 빛을 보도다"라며 믿음과 확신으로 찬송을 드려야 한다.

예수님이 세상을 구원하실 빛으로 오셨지만, 그 빛을 대하는 악인들과 의인들의 태도가 극명한 차이를 보인다. 악인들은 빛을 피하고, 빛에 드러나지 않으려고 어둠 속에 숨는다. 반면 의인들은 기쁜 마음으로 빛을 향해 나온다. 하나님은 빛으로 오신 예수님을 피하는 자들을 악인으로 판결하시지만, 빛으로 나아오는 자들에게는 그분의 자녀가 되는 권세를 주신다. 악인들은 참 빛을 수치로 생각하지만, 진리를 행하는 자들은 참 빛을 수치를 피할 유일한 방법으로 생각한다. 또한 악인들은 자신이 누구인지를 생각하지만, 진리를 행하는 사람들은 하나님과 예수님이 누구인지를 생각한다. 그러므로 복음을 믿고 영생(구원)을 얻을 것인지, 믿지 않고 멸망(심판)을 받을 것인지는 자신이 선택할 몫이다!

VI. 적용과 나눔

 삶의 내비게이션(적용)

1 예수님은 사람이 하나님 나라에 들어가려면 물과 성령으로 거듭나야 한다고 말씀하셨다. 예수님을 믿고 영접해야 구원을 얻는다. 당신이 예수님을 영접하고 영적으로 거듭난 때는 언제인가?
   관찰문제 2, 3번 참고. 하나님의 은혜를 입어 구원에 이르는 것은 우리 노력의

결과가 아니며 오직 참 빛이신 예수님을 영접해야만 가능하다. 이것이 복음이다. 복음은 하나님이 보내신 유일무이한 아들을 믿어 영생을 얻는 것이다. 이것이 하나님이 의도하시는 바이며, 예수님이 이 땅에 오셔서 십자가에서 자기 생명을 내어주신 이유다. 그러므로 구원을 얻고 영생에 이르는 것은 참 쉽다.

사람이 구원을 얻는 것은 하나님이 주신 선물이다. 우리가 예수님을 영접해 하나님의 자녀가 된 것도 하나님이 베푸신 은혜다. 그러므로 우리는 이 사실 한 가지만으로도 하나님을 영원히 경배하고 예배할 수 있다. 구원은 말씀이 육신 되신 예수님을 영접하고 영적으로 거듭나는 것이다. 구체적인 날짜는 아니더라도 언제, 어떤 상황에서 거듭났는지 기억하는 것이 좋다. 그때 우리가 하나님 나라에 입성했기 때문이다. 또한 더 지체하지 않으시고 그때 우리를 구원하신 하나님께 감사드리자. <u>각자가 예수님을 구주로 영접하고 영적으로 거듭난 때는 언제인지 나누고, 구원받은 것에 대한 확신과 감격을 회복하는 시간을 갖는다.</u>

2 니고데모가 처음 예수님을 찾아왔을 때, 그는 예수님과 하나님 나라에 대해 아는 것이 없었다. 그러나 훗날에는 주변의 시선에 아랑곳하지 않고 예수님의 장례를 극진히 치르는 신앙인이 된다. 당신이 현재 신앙적으로 성장해야 할 부분은 무엇인가?

관찰문제 1번 참고. 믿음은 계속 성장하는 것이다. 니고데모의 신앙은 싹이 났지만 아직 완전하지 못하다. 그러나 나중에는 예수님을 이단이라고 비난하는 주변의 따가운 시선에 아랑곳하지 않고 주님의 장례를 극진히 치르는 신앙인이 된다. 우리도 니고데모처럼 하나님 나라를 보려면 계속 듣고 읽고 배워서 깨달아야 한다. 신앙은 믿는 순간에 온전해지는 것이 아니라 많은 노력과 노동을 요구하는 것이기 때문이다. 그리스도인은 성경 묵상 및 연구를 통해 하나님의 뜻을 더 알아 갈 수 있고, 기도를 통해 하나님과 소통하고 친밀한 관계를 강화할 수 있으며, 예배를 통해 하나님의 영광과 사랑을 경험하면서 온전한 예배자로 성장할 수 있고, 그리스도의 사랑을 본받아 이웃을 섬기면서 사랑과 관용을 배울 수 있다. 또한 예수님의 제자들은 일상에서 자기를 부인하고 하나님의 뜻을 따르는 실천을 행하며 자기의 소유와 재능과 시간을 하나님의 영광을 위해 사용하면서 매일 한 걸음씩 주님께 더 가까이 가는 경건을 추구해야 한다. 각자의 삶과 사역 가운데 신앙적으로 성장할 부분은 무엇인지 이야기 나누고 도전과 결단의 시간을 갖는다.
....

3 악인들은 참 빛으로 세상에 오신 예수님을 피하고 미워하며 그분 앞
에 나아가지 않았지만, 의인들은 기쁜 마음으로 예수님을 향해 나아
간다. 당신은 말씀을 듣고 마음에 찔림을 받았을 때 어떤 태도를 취
하는가?

관찰문제 5번 참고. 복음으로 인해 마음에 찔림을 받는 것은 좋은 일이다. 그
러나 더 중요한 것은 찔림을 받은 후 취하는 행동이다. 그 행동이 영생을 결정
하기 때문이다. 스데반의 설교를 듣고 마음에 찔림을 받은 유대인들은 더는 복
음을 선포하지 말라며 그를 죽였다(행 7장). 반면 베드로와 열한 사도의 설교를
들은 사람들은 마음에 찔림을 받아 죄를 회개하고 세례를 받았다(행 2장).
이 두 부류의 차이는 무엇일까? 첫 번째 부류는 하나님으로부터 단절된 곳에
서 자기 자신을 중심으로 살아가는 사람들이다. 이들은 하나님을 생각할 겨를
없이 자기중심적으로 살아간다. 자신들의 악한 행동을 정당화하고 합리화한다.
그러므로 그들의 악한 행실을 드러내는 빛을 기피하고 미워한다. 어둠에 거하
는 자들이 어떠한 이유로든 빛으로 나오지 않는 것은 불신이다. 그들은 진리를
두려워한다. 두 번째 부류는 항상 자신의 한계를 실감하며 부족함을 느낀다. 이
들은 창조주의 심판을 피할 수 없다는 사실을 안다. 그러므로 최대한 선하게 살
고자 노력하며, 진리이신 주님을 만나면 곧바로 나아온다. 그리고 부족하지만
최선을 다해 선을 행하며 살아온 것이 하나님 안에서 할 수 있었던 일이었음을
고백한다. 각종 예배나 다양한 매체를 통해 말씀을 듣고 마음에 찔림이나 은혜
를 받았을 때 어떤 태도를 취하는지 이야기해 본다.
....

VII. 마무리

기도로 마무리한다.
제5주 관찰문제를 예습해 오게 한다.
실천과제를 제시한다.

🌼 생활의 아로마(실천)

예 1) 진리 탐구에 열심을 낸다.

2) 거듭난 자의 증거(성령의 열매)가 삶에 나타나고 있는지 돌아본다.

제5주 표적보다 믿음

요한복음 4:43-54

학습목표

예수님이 기적을 행하시는 이유는 사람들을 믿게 하기 위해서라는 것을
알고, 예수님 전하는 삶을 실천한다.

KEYWORD **표적, 절박함, 믿음**

Ⅰ. 찬양과 기도

Ⅱ. 지난주 실천과제 나눔

Ⅲ. 복습문제 풀이

 복습

1 니고데모는 거듭남을 어떻게 이해했으며, 예수님은 거듭남이 무엇이
라고 말씀하셨는가?(3:4-5)

a) 니고데모가 이해한 거듭남(4절): 두 번째로 모태에 들어갔다가 다시 태어나
는 것

b) 예수님이 말씀하시는 거듭남(5절): 물과 성령으로 거듭나는 것

^{4:43} 이틀이 지나매 예수께서 거기를 떠나 갈릴리로 가시며 ⁴⁴ 친히 증언하시기를 선지자가 고향에서는 높임을 받지 못한다 하시고 ⁴⁵ 갈릴리에 이르시매 갈릴리인들이 그를 영접하니 이는 자기들도 명절에 갔다가 예수께서 명절중 예루살렘에서 하신 모든 일을 보았음이더라 ⁴⁶ 예수께서 다시 갈릴리 가나에 이르시니 전에 물로 포도주를 만드신 곳이라 왕의 신하가 있어 그의 아들이 가버나움에서 병들었더니 ⁴⁷ 그가 예수께서 유대로부터 갈릴리로 오셨다는 것을 듣고 가서 청하되 내려오셔서 내 아들의 병을 고쳐 주소서 하니 그가 거의 죽게 되었음이라 ⁴⁸ 예수께서 이르시되 너희는 표적과 기사를 보지 못하면 도무지 믿지 아니하리라 ⁴⁹ 신하가 이르되 주여 내 아이가 죽기 전에 내려오소서 ⁵⁰ 예수께서 이르시되 가라 네 아들이 살아 있다 하시니 그 사람이 예수께서 하신 말씀을 믿고 가더니 ⁵¹ 내려가는 길에서 그 종들이 오다가 만나서 아이가 살아 있다 하거늘 ⁵² 그 낫기 시작한 때를 물은즉 어제 일곱 시에 열기가 떨어졌나이다 하는지라 ⁵³ 그의 아버지가 예수께서 네 아들이 살아 있다 말씀하신 그 때인 줄 알고 자기와 그 온 집안이 다 믿으니라 ⁵⁴ 이것은 예수께서 유대에서 갈릴리로 오신 후에 행하신 두 번째 표적이니라

V. 관찰문제의 바른 답

 말씀 돋보기(관찰)

1 예수님은 선지자가 고향에서 높임을 받지 못한다고 말씀하신다. 선지자는 누구이고, 그 이유는 무엇인가?(4:44, 48)

　a) 선지자(44절): 예수님

　b) 이유(48절): 고향 사람들이 예수님을 기적 행하시는 이로만 생각하기 때문에

 Tip　예수님이 갈릴리로 가시던 중 제자들에게 선지자(예수님)가 고향에서는 높임을 받지 못한다고 하신다. 이 말씀은 갈릴리 사람들이 예수님을 반갑게 영접했다는 45절 내용과 표면적으로 상반되어 보인다. 갈릴리인들

은 명절(유월절)에 예루살렘에서 예수님이 하신 모든 일(성전을 정결하게 하신 일과 여러 가지 기적)을 보았기 때문에 예수님을 환영했다.

그러나 예수님은 그들이 표적과 기사를 보지 못하면 도무지 믿지 않는다고 탄식하신다(48절). 그러므로 예수님이 선지자가 고향에서 높임을 받지 못한다고 하신 것은 고향 사람들이 예수님을 기적 행하는 이로만 생각할 뿐 메시아로 대하지 않는다는 취지로 말씀하신 것이다.

2 왕의 신하가 예수님께 드린 요청은 무엇이며, 예수님은 어떻게 탄식하셨는가?(4:47-48)

a) 왕의 신하의 요청(47절): 가버나움으로 내려와 자기 아들의 병을 고쳐 달라고 요청함

b) 예수님의 탄식(48절): "너희는(갈릴리 사람들은) 표적과 기사를 보지 못하면 도무지 믿지 아니하리라"

왕의 신하는 예수님이 유대로부터 갈릴리로 오셨다는 소식을 듣고 곧바로 가나로 달려왔다. 그는 왕의 신하가 아니라 죽어 가는 아들을 둔 절박한 아버지의 마음으로 단숨에 이 험하고 먼 길을 달려왔다. 왕의 신하는 예수님께 가버나움으로 내려오셔서 죽게 된 자기 아들의 병을 고쳐 달라고 간절히 부탁했다.

예수님은 갈릴리 사람들이 표적과 기사를 보지 못하면 도무지 믿지 않는다고 탄식하신다. 갈릴리 사람들은 예수님을 기적 행하는 이로만 생각하지, 메시아로 믿지 않는다는 뜻이다. 그들이 예수님을 이용할 가치가 있는 사람 정도로 생각하는 것을 책망하시는 것이다. 그러므로 요한은 잠시 후 아이가 살아났다는 종들의 말을 듣고 왕의 신하와 온 집안이 믿었다는 말을 덧붙인다. 왕의 신하도 아직은 예수님을 메시아로 믿지 않고 있다.

3 왕의 신하는 예수님을 어떻게 불렀으며, 예수님의 대답과 신하의 반응은 무엇인가?(4:49-50)

a) 예수님에 대한 호칭(49절): 주(선생님)

b) 예수님의 대답(50절): "가라 네 아들이 살아 있다"

c) 신하의 반응(50절): 예수님의 말씀을 믿고 돌아감

예수님의 책망을 들은 신하는 절박한 마음으로 자기 아이가 죽기 전에 가버나움으로 내려와 고쳐 달라고 다시 한번 호소했다. 그는 예수님을 '주'(선생님)라고 부른다. 평상시에는 예수님 같은 평민에게 명령하는 위치에 있는 사람이 낮게 엎드려 예수님께 간절히 부탁하는 것은 죽어 가는 아들을 살리고 싶어 하는 절박한 아버지의 모습이다.

예수님은 함께 가버나움으로 내려가자는 왕의 신하에게 "가라 네 아들이 살아 있다"라고 말씀하셨다. '살아 있다'는 현재형 동사로 죽어 가던 아이가 예수님의 말씀에 이 순간 살아났다는 뜻이다. 잠시 후 종들이 와서 이 사람에게 '아이가 살아 있다'라고 보고할 때도 같은 동사, 같은 시제를 사용한다(51절). 예수님은 아들을 살리는 '기적'을 원하는 아버지에게 아들이 살아 있다는 '말씀'을 주셨다.

말씀을 주셨으니 받은 말씀을 믿고 안 믿고는 그의 몫이다. 아이의 아버지는 예수님이 하신 말씀을 믿고 가나를 떠나 가버나움에 있는 집으로 돌아갔다. 온종일 집으로 돌아가는 길에 아들이 살아났기를 얼마나 간절히 원했을까!

4 종들이 전해준 소식은 무엇이며, 아이가 낫기 시작한 때는 예수님과 어떤 관계가 있었는가?(4:51-53)

a) 종들이 전해준 소식(51절): 아이가 살아 있고, 어제 일곱 시부터 열기가 떨어졌다는 소식

b) 예수님과의 관계(53절): 예수님이 말씀하신 그때 아이가 낫기 시작함

아이의 아버지가 예수님의 말씀을 믿고 집으로 돌아가는 중에 종들이 와서 아들이 살아 있다는 소식을 전해 주었다. 하나님이 그를 위로하고 안심시키기 위해 종들을 보내신 것이다. 감격하고 안심한 아이의 아버지는 종들에게 아이가 낫기 시작한 때가 언제인지 물었다. 예수님이 아이가 살아 있다고 말씀하신 때와 비교하기 위해서다. 종들은 전날 일곱 시(우

리 시간으로 오후 1시)에 열기가 떨어졌다고 했다. 아이의 아버지는 전날 예수님이 "네 아들이 살아 있다"라고 하신 때가 바로 그 시각이었음을 깨달았다. 아이가 살아나기를 간절히 원하는 아버지의 마음에 하나님 아버지께서 응답하신 놀라운 기적이다!

5 왕의 신하의 아들을 살리신 일은 가나에서 일어난 몇 번째 표적이며, 이 표적의 결과는 무엇인가?(4:53-54)
a) 가나에서 일어난 몇 번째 표적(54절): 두 번째 표적
b) 표적의 결과(53절): 왕의 신하의 온 집안이 다 믿음

 왕의 신하의 죽어 가는 아들을 살리신 일은 예수님이 유다에서 갈릴리로 오신 후에 행하신 두 번째 표적이다. 앞으로 예수님은 죽어 가는 사람이 아니라 이미 죽은 지 오래된 나사로도 살리실 것이다(11장). 그러므로 아이를 살리신 이 이야기는 나사로 이야기의 서곡이라 할 수 있다.
이 기적으로 왕의 신하와 그의 온 집안이 예수님을 믿게 되었다. 예수님은 말씀하시고 약속한 것을 반드시 이루는 메시아이심을 깨달은 것이다. 예수님은 갈릴리 사람들이 표적과 기사를 보지 않고는 도무지 믿지 않는다고 탄식하셨다. 기적을 경험한 후 단순히 마음이 끌리는 것과 믿는 것은 별개이기 때문이다. 이 사람은 예수님의 말씀을 믿었고, 그와 온 집안이 예수님을 믿었다. 말씀만으로 믿게 된 첫 가정이다. 예수님이 행하시는 기적은 사람들로 하여금 믿게 하는 도구인 것이다.

VI. 적용과 나눔

 삶의 내비게이션(적용)

1 갈릴리 사람들은 예수님을 기적 행하는 이로만 환영할 뿐 메시아로 영접하지 않았다. 당신이 예수님을 믿기 전에 가졌던 예수님과 기독교에 대한 편견은 무엇인가?

관찰문제 1번 참고. 사람들이 예수님의 말씀을 듣고 행하시는 기적을 보았다고 해서 모두 예수님을 메시아로 영접하는 것은 아니다. 처음부터 마음을 닫고 부인하는 사람이 있는가 하면, 예수님을 기적 행하는 이로 환영할 뿐 메시아로 영접하지 않는 자들도 있다. 남들보다 예수님을 더 잘 안다는 고향 사람들도 마찬가지였다. 각자 지닌 편견과 선입견을 초월해 예수님을 온전히 보기가 쉽지 않기 때문이다.

우리 삶도 갖가지 편견으로 가득하다. 특정한 인종이나 민족, 성별, 연령, 사회적 지위나 소득 수준, 직업, 교육 수준 등에 대한 선입견이나 편견이 있다. 또한 신앙적으로 예수님을 특정한 시대 혁명가 또는 사회 운동가, 신화적인 인물로 생각할 수 있고, 다른 종교에는 구원이 없다고 주장하는 기독교를 이기적인 종교로 보는 부정적인 편견과 더불어 교회 다니는 사람들은 저러면 안 된다는 과도한 기대와 편견도 발생할 수 있다. 혹시 이러한 편견이 보아야 할 것을 보지 못하게 하고, 깨달아야 할 것을 깨닫지 못하게 하는 것은 아닌지 생각해 보아야 한다. 편견과 선입견이 우리의 영적 성장을 가로막고 있지는 않은지 끊임없이 우리 자신을 돌아보아야 한다. 자칫 예수님이 우리의 신학적 편견에 가려질 수 있기 때문이다. 예수님을 믿기 전에 가지고 있던 예수님과 기독교에 대한 편견이나 지나친 기대 또는 선입견은 무엇이었는지 이야기 나눈다.

2 왕의 신하는 예수님을 '주'라고 높이면서 죽어 가는 아들을 살려 달라고 절박한 마음으로 두 번이나 간청했다. 당신이 현재 절박한 마음으로 간구하는 기도의 내용은 무엇인가?

관찰문제 3번 참고. 기적을 경험하기 위해서는 겸손과 간절함이 있어야 한다. 평상시에는 평민인 예수님께 명령을 내릴 만한 위치에 있는 사람이 아들을 살려 달라며 주님 앞에 낮게 엎드렸다. 또한 그는 죽어 가는 아들이 다시 살기를 간절히 바라며 이 먼 길을 한숨에 달려왔다. 우리도 하나님의 은혜를 경험하고 싶으면 낮아져야 하고 간절히 원해야 한다.

예수님은 함께 가자는 신하의 청을 뿌리치고 그의 아들이 이 순간 살아났다는 말씀을 품고 가라고 하셨다. 예수님은 누구를 살리거나 치료하실 때 꼭 그 자리에 가지 않으셔도 된다. 먼 곳에서도 얼마든지 치료하실 수 있다. 그러므로 반드시 특정한 장소(교회나 기도원 등)에 가야만 하나님의 자비와 치료를 경험할 수 있다는 생각은 버려야 한다. 주님이 임재하시는 곳은 어디든 기적이 일어날 수 있다. 지금 각자의 자리에서 절박한 마음으로 하나님께 간구하고 있는 기도 내용은 무엇인지 나누고 함께 기도하는 시간을 갖는다. 이때 인도자는 지나친 사생활이나 상처 등 공개하기 어려운 기도 제목을 오픈하도록 강요하지 말고, 또한 마음을 열고 나눈 기도 제목이 가십거리가 되지 않도록 주의하며 모임을 이끈다.

3   왕의 신하가 예수님의 말씀을 믿은 것을 통해 그의 온 집안이 예수님을 믿게 되었다. 당신을 통해 주변 사람들이 예수님을 믿게 된 일과 전도를 위해 당신이 실천하고 있는 것은 무엇인가?
관찰문제 5번 참고. 본문은 한 집안의 가장이 예수님의 말씀을 믿은 것이 온 집안의 구원으로 이어지는 아름다운 이야기다. "그러므로 믿음은 들음에서 나며 들음은 그리스도의 말씀으로 말미암았느니라"(롬 10:17)라는 말씀이 새롭게 들린다. 이적과 징조를 요구하는 사람 가운데서 이 아이의 아버지는 "네 아들이 살아 있다"라는 예수님의 말씀을 믿었고, 그의 믿음은 온 집안의 믿음으로 이어졌다. 예수님은 "보지 못하고 믿는 자들은 복되도다"라고 하셨다(요 20:29). 우리가 지향해야 할 가장 건강한 믿음은 보지 않고 주님을 믿는 일이다.
그리스도의 제자들은 "너희는 가서 모든 민족을 제자로 삼으라"라는 예수님의 명령에 따라 때를 얻든지 못 얻든지 복음을 전해야 한다. 이웃이 어려운 일을 당했을 때 찾아가 마음으로 함께 울어 주고 위로함으로써, 가정을 오픈해 이웃을 초대한 후 예수님 이야기를 전하면서, 믿지 않는 가족이나 지인들의 구원을 위해 포기하지 않고 기도하면서, 동호회나 사적인 모임에서 만나는 사람들과 삶을 나누고 더 깊은 관계를 맺으면서 자연스럽게 복음을 전할 수 있다. 주변 사람들이 나를 통해 예수님을 믿게 된 경험을 나누고, 또 복음을 전하기 위해 일상에서 실천하고 있는 것은 무엇인지 이야기해 본다.

VII. 마무리

기도로 마무리한다.

제6주 관찰문제를 예습해 오게 한다.
실천과제를 제시한다.

 생활의 아로마(실천)

예 1) 예수님께 나아가는 믿음의 주변 사람들에게 디딤돌이 아닌 걸림돌이 되고
있는 건 아닌지 점검해 본다.

제6주 절망 중에 만난 예수님

학습목표

안식일은 일을 하지 않는 날이 아니라 선한 일을 하는 날이라는 사실을 알고, 주일에 선한 일을 하는 데 더욱 힘쓴다.

KEYWORD 안식일, 선한 일, 치유

I. 찬양과 기도

II. 지난주 실천과제 나눔

III. 복습문제 풀이

 복습

1 왕의 신하의 아들을 살리신 일은 가나에서 일어난 몇 번째 표적이며, 이 표적의 결과는 무엇인가?(4:53-54)

　　a) 가나에서 일어난 몇 번째 표적(54절): 두 번째 표적

　　b) 표적의 결과(53절): 왕의 신하의 온 집안이 다 믿음

5:1 그 후에 유대인의 명절이 되어 예수께서 예루살렘에 올라가시니라 2 예루살렘에 있는 양문 곁에 히브리 말로 베데스다라 하는 못이 있는데 거기 행각 다섯이 있고 3 그 안에 많은 병자, 맹인, 다리 저는 사람, 혈기 마른 사람들이 누워 [물의 움직임을 기다리니 4 이는 천사가 가끔 못에 내려와 물을 움직이게 하는데 움직인 후에 먼저 들어가는 자는 어떤 병에 걸렸든지 낫게 됨이러라] 5 거기 서른여덟 해 된 병자가 있더라 6 예수께서 그 누운 것을 보시고 병이 벌써 오래된 줄 아시고 이르시되 네가 낫고자 하느냐 7 병자가 대답하되 주여 물이 움직일 때에 나를 못에 넣어 주는 사람이 없어 내가 가는 동안에 다른 사람이 먼저 내려가나이다 8 예수께서 이르시되 일어나 네 자리를 들고 걸어가라 하시니 9 그 사람이 곧 나아서 자리를 들고 걸어가니라 이 날은 안식일이니 10 유대인들이 병 나은 사람에게 이르되 안식일인데 네가 자리를 들고 가는 것이 옳지 아니하니라 11 대답하되 나를 낫게 한 그가 자리를 들고 걸어가라 하더라 하니 12 그들이 묻되 너에게 자리를 들고 걸어가라 한 사람이 누구냐 하되 13 고침을 받은 사람은 그가 누구인지 알지 못하니 이는 거기 사람이 많으므로 예수께서 이미 피하셨음이라 14 그 후에 예수께서 성전에서 그 사람을 만나 이르시되 보라 네가 나았으니 더 심한 것이 생기지 않게 다시는 죄를 범하지 말라 하시니 15 그 사람이 유대인들에게 가서 자기를 고친 이는 예수라 하니라 16 그러므로 안식일에 이러한 일을 행하신다 하여 유대인들이 예수를 박해하게 된지라 17 예수께서 그들에게 이르시되 내 아버지께서 이제까지 일하시니 나도 일한다 하시매 18 유대인들이 이로 말미암아 더욱 예수를 죽이고자 하니 이는 안식일을 범할 뿐만 아니라 하나님을 자기의 친 아버지라 하여 자기를 하나님과 동등으로 삼으심이러라

말씀 돋보기(관찰)

1 예루살렘 양문 곁에 있는 연못의 이름은 무엇이며, 그 연못에 전해 내려오는 전설은 무엇인가?(5:2-4)

a) 연못의 이름(2절): 베데스다

b) 전설(4절): 천사가 가끔 이 못에 내려와 물을 움직이게 하는데, 이때 첫 번째로 물에 들어간 사람은 어떤 병에 걸렸든지 낫게 된다는 전설

 예루살렘 동북쪽에 있는 양문 곁에 베데스다라는 못이 있었다. '베데스다'는 '분출하는 집'이라는 의미로 오늘날 옛 예루살렘 안에 있는 성 안나 교회(Church of the St. Anne) 아래에 있는 못으로 보인다. 못의 크기가 거의 축구장만 하며, 깊이는 6m에 달했다. 이 못은 대중에게 공개된 공간이었으며, 구걸하는 사람과 노숙자가 많이 모여 있었다.

못 안(주변)에는 병자가 많이 있었는데 맹인과 다리 저는 사람들과 혈기 마른 사람들이 누워 있었다. 온갖 병자가 몰려와 진을 치고 있었다. 이 병자들은 이곳에서 물의 움직임을 기다렸다. 천사가 가끔 내려와 물을 움직이게 하는데 이때 첫 번째로 물에 들어간 사람은 어떤 병에 걸렸든지 낫게 된다는 전설 때문이다. 하나님의 치유는 특별한 장소나 특정 인물에게 있는 것이 아니라 예수님을 만나느냐에 달려 있다.

2 예수님이 38년 된 병자에게 하신 질문과 병자의 탄식은 무엇인가? 그는 어떤 병에 걸렸는가?(5:5-8)

a) 예수님의 질문(6절): "네가 낫고자 하느냐"

b) 병자의 탄식(7절): "물이 움직일 때에 나를 못에 넣어 주는 사람이 없어 내가 가는 동안에 다른 사람이 먼저 내려가나이다"

c) 병자의 병명(8절): 중풍

 베데스다 못에 모여든 병자 중에 38년 동안 병을 앓고 있는 사람도 있었다. 그는 베데스다 못 주변에서 구걸하며 살았을 것이다. 그는 치료를 바랄 수도 없고, 상황이 나아질 징조도 전혀 보이지 않는 매우 절망적인 상황에 처해 있다. 예수님이 그에게 일어나 자리를 들고 걸어가라고 하시는 것으로 보아(8절) 중풍병자였던 것이 거의 확실하다.

중풍병자의 병이 오래된 것을 아시는 예수님은 그에게 낫기를 원하느냐고 물으셨다. 예수님이 먼저 도움의 손길을 내미셨지만 병자는 예수님을

눈앞에 두고도 그분이 낫게 하시는 하나님이심을 알아보지 못한다. 이에 그는 못의 물이 움직일 때 자신을 넣어 줄 사람이 없어 다른 사람이 먼저 물에 들어간다고 탄식한다. 물이 움직일 때 누구든지, 어떤 병을 앓든지 물속에 들어가면 낫는다고 믿었기 때문이다. 그는 치료하시는 하나님의 능력을 매우 비인격적인 것으로 생각한다. 그러나 성경은 하나님이 치료하실 때 미리 정하신 사람을 치료하시지 아무나 치료하지 않으신다고 한다. 하나님의 치료는 매우 인격적이다. 이 사람은 잘못된 세계관의 노예가 되어 있다.

3 예수님이 병자에게 하신 명령은 무엇이며, 그 결과 병자는 어떻게 되었는가?(5:8-9)
a) 예수님의 명령(8절): "일어나 네 자리를 들고 걸어가라"
b) 병자에게 나타난 결과(9절): 곧 나아서 자리를 들고 걸어감

병자의 미신적인 생각과 불만을 들으신 예수님은 더 이상의 대화는 필요 없다고 생각하고 곧바로 세 가지 명령('일어나라', '네 자리를 들어라', '걸어가라')을 내려 그를 치료하신다. 첫 번째 명령인 '일어나라'와 세 번째 명령인 '걸어가라'는 현재형이다. 일어나서 계속 걸으라는 뜻이다. 반면에 두 번째 명령인 '네 자리를 들어라'는 단 한 번만 하는 행위를 묘사한다. 즉, 예수님은 병자에게 자리를 들고 일어나 주변을 계속 걸으라고 명령하신 것이다.

병자는 곧 나아서 자리를 들고 걸어갔다. 그는 지난 38년간의 병자 생활을 한순간에 청산하고 있다. '병 나은 사람'(10절)이 되어 한때 그를 실어 나르던 자리를 들고 가고 있다. 이때까지 그가 전혀 가지지 못했던 힘을 얻었기 때문이다. 자리를 들고 걸어가는 것은 그가 치료받아 온전한 몸이 되었음을 의미한다.

고침받은 사람은 자기를 고쳐 준 사람이 누구인지도 모르고 엉겁결에 고침을 받았다. 예수님이 무리 속으로 사라지셨기 때문에 그는 예수님을 알지 못했다. 예수님은 때로는 믿음이 없는 사람에게도 은혜를 베푸신다. 병자는 예수님을 몰랐지만 예수님은 개의치 않으시고 그를 고치셨

다. 물론 흔한 일은 아니다. 하나님은 당신의 영광을 드러내기 위해 종종 은혜를 베푸신다.

4 예수님이 병자를 치료해 주신 날은 언제이며, 유대인들이 문제 삼은 내용은 무엇인가?(5:9-10)

a) 병자를 치료해 주신 날(9절): 안식일

b) 유대인들이 문제 삼은 내용(10절): 병자가 안식일에 자리를 들고 걸어가는 것이 옳지 않다고 문제 삼음

 예수님이 병자를 치료하신 날은 안식일이었다. 유대인들은 안식일이 사람을 위해 있는 것이 아니라, 사람이 안식일을 위해 있다고 생각했다. 율법의 정신이나 의도는 무시한 채 문자적으로 안식일을 지키는 일에만 급급했던 유대인들에게는 예수님의 명령이 문제가 될 만한 말이다.

아니나 다를까 유대인들은 예수님의 말씀으로 나음 받아 더는 누워 있을 필요가 없게 된 사람이 자리를 들고 걸어가는 것을 문제 삼았다. 그가 돗자리를 메고 가는 것은 안식일에 해서는 안 되는 일이라는 것이다. 그들은 이 병자가 38년 만에 걷게 된 일에는 관심이 없다. 그들의 유일한 관심사는 그가 안식일 율법을 어기고 있다는 점이다. 백성의 영성을 지도하는 지도자들이 이 모양이니 하나님이 얼마나 답답하셨을까!

유대교 지도자들은 예수님이 안식일에 이러한 일을 행하신다는 이유로 주님을 박해하게 되었다. '박해하다'는 법적인 용어로 '기소하다'라는 의미를 지닌다. 마치 예수님을 법정에 세우는 것 같은 일이 벌어졌다는 것이다. 예수님을 괴롭히는 일이 앞으로 계속될 것이다.

5 예수님이 병 고침을 받은 자에게 하신 권면은 무엇인가? 예수님이 안식일에도 일하시는 이유와 그 결과는 무엇인가?(5:14, 17-18)

a) 예수님의 권면(14절): "다시는 죄를 범하지 말라"

b) 안식일에도 일하시는 이유(17절): 내 아버지(성부 하나님)께서 일하시기 때문에 나(예수님)도 일한다고 하심

c) 결과(18절): 유대인들이 더욱 예수님을 죽이고자 함

Tip 예수님은 병 고침을 받은 자에게 예수님 자신이 그를 치료했다는 사실을 알려 주시며 더 심한 것이 생기지 않도록 "다시는 죄를 범하지 말라"라고 하셨다. 이는 현재형 명령으로 아직 회개하지 않은 죄가 있음을 의미하며, 또한 이 순간부터는 죄를 짓지 않도록 지속적으로 노력하라는 권면이다. 예수님은 그의 질병이 죄에서 비롯된 것이라는 의미로 이렇게 말씀하신다. 그렇다면 죄가 사람의 건강을 해치는가? 죄에 대한 벌로 질병을 앓을 수 있고, 죄를 짓는 도중 건강을 해칠 수도 있다. 그러나 모든 질병이 죄와 연관이 있는 것은 아니다. 성경은 하나님이 하시는 일을 나타내고자 사람들이 질병을 앓고 재앙을 당하기도 한다고 말한다(9:1-3; cf. 눅 13:1-5). 상황마다 다르다는 것이다.

유대인들이 안식일에 일을 한다며 주님을 박해하자, 예수님은 아버지께서 일하시니 예수님 자신도 일하는 것이라고 말씀하신다. 하나님은 천지를 창조하신 후에도 창조하신 세상을 유지하기 위해 계속 일하신다. 그러므로 안식일에도 일하신다. 안식일에도 아이들이 태어나고, 사람이 죽는 등 온갖 일이 일어나기 때문이다. 예수님은 자신의 일을 하나님의 일과 동일시하실 뿐 아니라, 자신을 하나님과 동일시하신다. 예수님은 하나님과 하나이기 때문이다.

유대교 지도자들은 안식일을 어기고 사람을 치료한 일을 문제 삼았다. 그들은 하나님과 자신이 동등하다는 예수님을 망언자로 간주해 죽이고자 한다. 하나님이 자기 땅에 와서 일하시지만 그분의 백성은 하나님을 영접하지 않는다.

VI. 적용과 나눔

삶의 내비게이션(적용)

1 온갖 병자가 베데스다 연못에 내려오는 전설을 듣고 병을 낫고자 연못 주변에 모여들었다. 치유와 회복을 위해 특정 인물이나 공간(장소)을 찾아갔던 경험이나, 또는 조용히 혼자 예수님을 의지했던 경험

을 이야기해 보자.

관찰문제 1번 참고. 치유와 회복은 예수님께 있지, 특정한 공간이나 장소에 있는 것이 아니다. 사람들은 베데스다 못에 와서 물이 움직일 때 씻으면 낫는다고 믿었지만 사실은 그렇지 않다. 오늘날에도 베데스다 못 주변에 여관이 많다. 사람들이 곳곳에서 몰려와 며칠씩 머물면서 연못 물에 몸을 담그며 낫기를 바란다. 지푸라기라도 잡고 싶은 병자들의 심정은 이해하지만, 차라리 여호와 라파(치유하시는 여호와)께 기도하는 것이 훨씬 더 빠르고 효과적이다. 설령 못에 몸을 담가 병이 낫게 되더라도 로또 수준이다.

예수님이 낫기를 간절히 소망하는 사람들이 모여 있는 곳을 찾으신 이유는 치료는 하나님께 있는 것이지, 이 못에 있는 것이 아니라는 사실을 가르쳐 주기 위해서다. 하지만 기독교 신자 가운데도 어려운 일을 당하면 도움이 될 만한 사람이나 점치는 자를 찾아가고, 치료를 거부하고 특정 기도원이나 검증되지 않은 물을 성수(聖水)라며 찾고, 가정과 직장에서 하던 일을 중단하고 치유와 성령 집회를 찾아 떠돌아다니는 경우가 있다. 반면에 예수님을 전적으로 의지하면서 기도하고, 주님이 일하실 때까지 기다리는 믿음의 사람도 많다. 어려움을 당했을 때 누구를 찾고 의지하는지 각자의 경험을 나눈다.

2 유대교 지도자들은 예수님이 안식일에 일(중풍병자를 고치신 일)을 했다는 이유로 주님을 박해하기 시작했다. 이는 맹목적으로 믿는 자들의 무지한 믿음이 지닌 위험성을 보여 준다. 예배, 헌금, 기도 등과 같은 신앙생활에 관해 당신이 잘못 이해하고 있었던 점은 무엇인가?

관찰문제 4번 참고. 유대교 지도자들은 하나님이 병자를 치료하신 일을 보고 하나님께 영광을 돌리기는커녕 오히려 안식일에 이런 일들을 했다며 예수님을 핍박하기 시작했다. 그들은 생각하지 않고 맹목적으로 믿는 무지한 믿음이 지닌 위험성을 보여 준다. 말씀과 신앙에서 무엇이 더 중요하고 무엇이 더 우선인지 도무지 감을 잡지 못하는 사람들이다. 이런 지도자들 밑에서 신앙생활을 하는 사람들은 얼마나 고달팠을까! 하나님의 법도와 기준에는 분명 더 중요한 것이 있는가 하면 덜 중요한 것도 있다.

우리 그리스도인은 세계관과 가치관을 성경적으로 정리할 필요가 있다. 특별히 공동체에서 지도자와 리더의 자리에 있는 사람들은 하나님의 말씀과 신앙의 규

범을 잘 익히고 믿음의 다음 세대나 초신자들을 바른길로 양육하고 인도해야 한다. 신자들이 가지고 있는 오해에는 기도를 문제 해결의 만능열쇠로 보고 원하는 무언가를 이루기 위한 방편으로 이해하는 것, 부요하게 사는 사람은 하나님의 축복을 많이 받은 사람이고 반면에 물질적으로 어렵게 사는 사람은 축복받지 못한 사람으로 보는 것, 세상의 복을 얻는 수단과 방법으로 헌금 생활을 하는 것, 헌금을 많이 하면 신앙이 좋은 것으로 간주해 교회 중직을 맡기는 것, 헌금을 마치 복채와 같이 여겨 헌금하지 않으면 저주와 불행한 일이 생길까 봐 두려워하며 헌금하는 것 등이 있다. 신앙생활을 하면서 잘못 이해하고 있었던 점이나 오해는 무엇인지 이야기 나누고 점검하는 시간을 갖는다.

3 안식일은 어떤 일을 하지 않는 날이 아니라 선한 일을 하는 날이다. 안식일에 하나님이 일하시는 것처럼 예수님도 일하셨다. 당신이 주일에 실천하고 있는 선한 일은 무엇인가?

관찰문제 5번 참고. 하나님은 세상을 위해, 또한 우리를 위해 끊임없이 일하신다. 예수님 또한 하나님과 하나이기에 안식일에 병자를 치료하시고 선한 일을 하셨다. 안식일은 아무것도 하지 않고 쉬는 날이 아니라 하나님 안에서 예배와 말씀을 통해 참된 안식을 얻고 하나님 사랑과 이웃 사랑을 실천하는 날이 되어야 한다. 사람이 안식일을 위해 있는 것이 아니라 안식일이 사람을 위해 있기 때문이다.

하나님의 성실하심은 우리가 반드시 닮아야 할 거룩한 속성이다. 우리도 성실하게 보살피고 섬기는 일을 계속해야 한다. 세상의 빛과 소금으로 사는 그리스도인의 삶에 은퇴는 없다. 죽는 순간까지 빛과 소금 역할을 다해야 한다. 그리스도인들에게 주일은 우리를 위해 십자가에서 죽으시고 부활하신 예수님을 기억하며 사랑과 감사로 예배드리는 거룩하게 구별된 날이다. 하지만 거기에서 끝나면 안 된다. 우리의 주일은 주중에 돌아보지 못했던 이웃과 공동체 멤버들을 돌아보고 어려운 일을 당한 자, 오랜 시간 투병 생활을 하고 있는 환우들, 홀로 사는 홀몸 노인이나 소년소녀가장들을 찾아가 위로하고 그리스도의 사랑을 실천하는 더 확장된 의미의 거룩한 날이 되어야 한다. 각자 주일에 어떻게 시간을 보내고 있는지, 실천하는 선한 일은 무엇인지 나누고 서로 격려하고 도전하는 시간을 갖는다.

기도로 마무리한다.
제7주 관찰문제를 예습해 오게 한다.
실천과제를 제시한다.

 생활의 아로마(실천)

예 1) 주일에 시간을 어떻게 보내고 있는지 돌아보고, 하나님이 원하시는 선한
일을 구체적으로 계획하고 실천한다.

제7주 드림의 기적

요한복음 6:1-21

어려움이나 곤경에 처했을 때 우리에게 도움을 주시는 하나님께 모든 것을 맡기는 믿음을 갖는다.

KEYWORD 드림, 축사(감사), 창조주

I. 찬양과 기도

II. 지난주 실천과제 나눔

III. 복습문제 풀이

 복습

1 예수님이 병자를 치료해 주신 날은 언제이며, 유대인들이 문제 삼은 내용은 무엇인가?(5:9-10)

   a) 병자를 치료해 주신 날(9절): 안식일

   b) 유대인들이 문제 삼은 내용(10절): 병자가 안식일에 자리를 들고 걸어가는 것이 옳지 않다고 문제 삼음

⁶:¹ 그 후에 예수께서 디베랴의 갈릴리 바다 건너편으로 가시매 ² 큰 무리가 따르니 이는 병자들에게 행하시는 표적을 보았음이러라 ³ 예수께서 산에 오르사 제자들과 함께 거기 앉으시니 ⁴ 마침 유대인의 명절인 유월절이 가까운지라 ⁵ 예수께서 눈을 들어 큰 무리가 자기에게로 오는 것을 보시고 빌립에게 이르시되 우리가 어디서 떡을 사서 이 사람들을 먹이겠느냐 하시니 ⁶ 이렇게 말씀하심은 친히 어떻게 하실지를 아시고 빌립을 시험하고자 하심이라 ⁷ 빌립이 대답하되 각 사람으로 조금씩 받게 할지라도 이백 데나리온의 떡이 부족하리이다 ⁸ 제자 중 하나 곧 시몬 베드로의 형제 안드레가 예수께 여짜오되 ⁹ 여기 한 아이가 있어 보리떡 다섯 개와 물고기 두 마리를 가지고 있나이다 그러나 그것이 이 많은 사람에게 얼마나 되겠사옵나이까 ¹⁰ 예수께서 이르시되 이 사람들로 앉게 하라 하시니 그 곳에 잔디가 많은지라 사람들이 앉으니 수가 오천 명쯤 되더라 ¹¹ 예수께서 떡을 가져 축사하신 후에 앉아 있는 자들에게 나눠 주시고 물고기도 그렇게 그들의 원대로 주시니라 ¹² 그들이 배부른 후에 예수께서 제자들에게 이르시되 남은 조각을 거두고 버리는 것이 없게 하라 하시므로 ¹³ 이에 거두니 보리떡 다섯 개로 먹고 남은 조각이 열두 바구니에 찼더라 ¹⁴ 그 사람들이 예수께서 행하신 이 표적을 보고 말하되 이는 참으로 세상에 오실 그 선지자라 하더라 ¹⁵ 그러므로 예수께서 그들이 와서 자기를 억지로 붙들어 임금으로 삼으려는 줄 아시고 다시 혼자 산으로 떠나 가시니라 ¹⁶ 저물매 제자들이 바다에 내려가서 ¹⁷ 배를 타고 바다를 건너 가버나움으로 가는데 이미 어두웠고 예수는 아직 그들에게 오시지 아니하셨더니 ¹⁸ 큰 바람이 불어 파도가 일어나더라 ¹⁹ 제자들이 노를 저어 십여 리쯤 가다가 예수께서 바다 위로 걸어 배에 가까이 오심을 보고 두려워하거늘 ²⁰ 이르시되 내니 두려워하지 말라 하신대 ²¹ 이에 기뻐서 배로 영접하니 배는 곧 그들이 가려던 땅에 이르렀더라

 말씀 돋보기(관찰)

1 예수님이 디베랴의 갈릴리 바다로 가셨을 때 큰 무리가 예수님을 따

라온 이유는 무엇인가?(6:1-2)

병자들에게 행하시는 표적을 보았기 때문에

예수님이 디베랴의 갈릴리 바다 건너편으로 가셨다. '디베랴의 갈릴리 바다'는 '갈릴리 바다, 곧 디베랴'라는 의미다. 갈릴리 호수는 예루살렘에서 북쪽으로 100㎞ 떨어져 있고, 길이가 남북으로 22㎞, 너비는 동서로 15㎞에 달하는 큰 호수다. 갈릴리 호수에는 물고기가 많고, 호수 주변으로 모래사장도 많다. 큰 풍랑이 일 정도이기 때문에 갈릴리 바다로 불리기도 했다. 그 외에도 여러 이름으로 불렸는데, 구약 시대에는 긴네렛 바다, 신약에서는 게네사렛 호수와 디베랴 호수 등으로 불렸다. 분봉 왕 헤롯 안티파스가 주후 20년에 로마 황제 티베리우스에게 경의를 표하기 위해 갈릴리 호수를 디베랴 바다로 이름을 바꾸기도 했다.

큰 무리가 예수님과 제자들을 따라왔다. 그들은 예수님의 가르침을 사모해서 예수님을 따라온 것이 아니라, 병자들을 치료하는 기적(표적) 행하시는 것을 보고 아픈 사람들을 데리고 왔다. 그들이 예수님을 기적을 행하시는 이 정도로 인식하는 것이 아쉽지만, 행하시는 기적이 계기가 되어 믿게 될 사람들도 있을 것이다.

2 예수님이 빌립에게 하신 질문은 무엇인가? 질문에 빌립과 안드레는 어떻게 대답했는가?(6:5-9)

a) 예수님의 질문(5절): "우리가 어디서 떡을 사서 이 사람들을 먹이겠느냐"

b) 빌립의 대답(7절): 각 사람에게 조금씩 먹게 하더라도 이백 데나리온의 떡이 부족하다고 대답함

c) 안드레의 대답(9절): 한 아이가 보리떡 다섯 개와 물고기 두 마리를 가지고 있지만 많은 사람을 먹이기에는 부족하다고 말함

예수님은 모여든 큰 무리를 보시고 빌립에게 어디서 떡을 사서, 이 많은 사람을 먹일 수 있겠냐고 물으셨다. 빌립이 어떻게 반응하는지 시험하고자 이렇게 물으셨다. 예수님이 제자 중 빌립을 지목하시는 것은 그가 이곳에서 가까운 벳새다 마을 출신이기 때문이다. 그러므로 빵을 구해야

한다면 이 지역을 가장 잘 아는 빌립이 적격자다.

빌립은 가장 자연스러운 대답을 했다. 모여든 수많은 사람을 조금씩이라도 먹이려면 최소 200데나리온 이상 필요하다는 것이다. 한 데나리온은 당시 노동자의 하루 임금으로, 빌립은 최소 200명의 '일당'이 필요하다고 하는 것이다. 성인만 5,000명이면 아마도 여자와 아이들을 합해 최소 1만 명 이상 모였을 텐데 200데나리온으로는 이 많은 사람을 넉넉하게 먹일 수 없다. 게다가 예수님과 제자들에게는 이렇게 큰돈이 없다. 설령 돈이 있다고 할지라도 주변에는 이 많은 사람을 먹일 음식을 구할 만한 곳이 없다.

안드레는 한 아이가 보리떡 다섯 개와 물고기 두 마리를 가지고 있지만, 이 수많은 사람을 먹이기에는 턱없이 부족하다고 말했다. 보리떡과 말린 물고기는 갈릴리 지역에 사는 가난한 사람들의 식사였으며, 이 정도 양이면 아이가 혼자 배불리 먹거나 친구 하나와 나눠 먹을 만한 양이다. 제자들은 예수님이 병자들을 치료하고 죽은 사람을 살리는 기적은 행하시지만, 산 사람을 먹이는 기적을 행하실 것이라고는 생각하지 못한다.

3 예수님은 떡과 물고기를 어떻게 하셨는가? 몇 명이 먹고 얼마가 남았으며, 사람들은 이 표적을 보고 예수님을 어떻게 표현했는가? (6:10-14)

a) 예수님의 행하심(11절): 떡과 물고기를 가져다가 축사하신 후 앉아 있는 자들에게 나눠 주심

b) 먹은 사람 수, 남은 조각(10, 13절): 5,000명쯤 먹고, 열두 바구니가 남음

c) 예수님에 대한 사람들의 표현(14절): 참으로 세상에 오실 그 선지자

 예수님은 떡과 물고기를 가져다가 축사하신 후 앉아 있는 사람들에게 나눠 주셨다. '축사하다'는 음식을 주신 하나님께 감사했다는 뜻이다. 예수님은 축사하신 후 제자들을 통해 음식을 나누어 주셨다.

모인 사람 5,000명쯤이 배불리 먹었다. 예수님은 제자들에게 남은 조각을 거두고 버리는 것이 없게 하라고 하셨다. 이 말씀은 훗날 교회의 지도자가 될 제자들은 하나님의 자녀를 하나도 남김없이 모두 모아야 한다

는 의미를 암시하는 듯하다. 제자들이 남은 음식을 거두니 열두 바구니에 찼다. 열두 바구니는 이스라엘의 열두 지파를 상징한다. 예수님은 그들을 배불리 먹일 수 있는 메시아이시다.

예수님이 행하신 기적을 경험한 사람들은 모두 놀라며 예수님을 참으로 세상에 오실 그 선지자라고 했다. '세상에 오실 그 선지자'는 모세와 같은 선지자(신 18:18)가 오셨다는 뜻이다. 예수님이 기적을 행하시자 그분을 모세가 오실 것이라고 했던 선자자로 생각한 것이다. 예수님이 메시아로 오신 것은 맞지만 그들이 기대한 정복자 메시아로 오신 것은 아니다. 예수님은 온 인류를 구원하기 위해 고난을 받으러 오신 메시아다.

'오병이어' 기적은 예수님의 능력을 잘 나타내는 기적이며 장차 종말에 메시아가 성도들을 위해 베푸실 잔치가 어떤 것인지 보여 주는 이야기다. 예수님은 우리가 하나님께 모든 것을 맡기면 하나님이 우리를 어떻게 먹이시는지 보여 주는 실질적인 사례라 할 수 있다.

4 제자들은 배를 타고 어디로 가고 있으며, 어떤 문제를 만났는가? (6:17-18)

a) 목적지(17절): **가버나움**

b) 문제(18절): **큰바람이 불어 파도가 일어남**

 Tip 제자들은 배를 타고 호수를 건너 가버나움으로 가고자 했다. 날은 이미 어두웠고 예수님은 아직 그들에게 돌아오지 않으셨다. 제자들은 하는 수 없이 자기들끼리 배를 저어 가버나움으로 가는 길이다.

그들이 가버나움으로 가는 동안 호수에 큰바람이 불어 파도가 일었다. 갈릴리 호수의 서쪽과 동쪽에는 수면에서 800m에 달하는 높은 산들이 산맥을 형성하고 있는데, 봄가을이면 동쪽 산에서 불어내려 오는 바람이 순식간에 배를 뒤집을 만한 2-3m 높이의 파도를 만들어 냈다. 마가복음 6:48은 예수님이 밤 사경쯤(새벽 3-6시)에 제자들에게 오셨다고 한다. 그들은 밤새 9시간 정도 노를 저은 것이다. 제자들은 밤새 노를 저어 십여 리쯤 갔다. '십여 리'는 직역하면 25 혹은 30 스타디아(한 스타디온은 약 192m)'로 5-6㎞를 의미한다. 가버나움까지 8㎞였으니 제자들은 밤새

약 3분의 2 정도를 간 것이다.

5 예수님은 제자들을 향해 어떻게 다가오셨는가? 제자들의 반응은 어떠했으며, 예수님은 무슨 말로 그들을 위로하셨는가?(6:19-20)
　　a) 예수님이 제자들에게 오신 방법(19절): **바다 위를 걸어서 배에 가까이 오심**
　　b) 제자들의 반응(19절): **두려워함**
　　c) 예수님의 위로(20절): **"내니 두려워하지 말라"**

　밤새 노를 저은 제자들은 바다 위를 걸어서 배로 다가오시는 예수님을 보고 두려워했다. 물 위를 걷는 일은 오직 하나님만 하실 수 있는 일이다 (욥 9:8).
　예수님은 두려워하는 제자들에게 "내니 두려워하지 말라"라고 하셨다. '내니'는 출애굽기 3:14을 근거로 살펴볼 때 하나님의 성호로 해석할 수 있다. 예수님은 하나님처럼 물 위를 걸으신다. 마태복음은 이 일로 인해 제자들이 예수님을 경배하며 하나님의 아들이심을 고백했다고 한다(마 14:33). 또한 '두려워하지 말라'는 구약에서 하나님이 그분의 백성을 위로하시는 말씀이다. 제자들은 기뻐서 예수님을 배로 영접했다.
　6장이 시작된 이후 예수님이 제자들에게 하나님 역할을 하신다. 그들을 먹이시고, 보호하시고, 구원하시고, 인도하신다. 모두 다 하나님이 우리를 위해서 하시는 일이다.

VI. 적용과 나눔

 삶의 내비게이션(적용)

1 예수님은 밤새 풍랑 속에서 사투를 벌인 제자들에게 오셔서 평안과 위로를 주신다. 당신이 곤경에 처했을 때 주님께 받았던 위로와 평안은 무엇인가?
관찰문제 5번 참고. 예수님은 풍랑에서 제자들을 구원하시는 하나님이시다. 제

자들을 구원하고 인도하신 예수님은 우리도 보호하시고 인도하신다. 모두 다 하나님이 우리를 위해서 하시는 일이다. 그러므로 곤경에 처했을 때 예수님께 도움 청하는 일을 게을리해서는 안 된다. 예수님은 우리를 가장 확실하게 도와주실 분이기 때문이다.

예수님은 물 위를 걸어오셔서 두려워하는 제자들에게 두려워하지 말라고 위로하신다. '두려워하지 말라'는 구약에서 하나님이 그분의 백성을 위로하시는 말씀이다. 주님은 지금도 어려움에 처한 자기 백성을 구원하시고 인도하신다. 목숨을 위협하는 질병이나 다양한 삶의 위기로 인해 살 소망을 잃었을 때 하나님은 "내가 너를 사랑한다", "평안을 너희에게 끼치노니 곧 나의 평안을 너희에게 주노라 내가 너희에게 주는 것은 세상이 주는 것과 같지 아니하니라 너희는 마음에 근심하지도 말고 두려워하지도 말라"(요 14:27), "수고하고 무거운 짐 진 자들아 다 내게로 오라 내가 너희를 쉬게 하리라"(마 11:28), "우리의 모든 환난 중에서 우리를 위로하사 우리로 하여금 하나님께 받는 위로로써 모든 환난 중에 있는 자들을 능히 위로하게 하시는 이시로다 그리스도의 고난이 우리에게 넘친 것 같이 우리가 받는 위로도 그리스도로 말미암아 넘치는도다"(고후 1:4–5) 등과 같은 말씀으로 우리를 위로하신다. 과거 혹은 최근에 어려움을 겪을 때 주님께 받았던 위로와 평안은 무엇인지 이야기해 본다.

2 제자들은 바다 위를 걸어서 배로 다가오시는 예수님을 보고 두려워했다. 당신이 예수님을 믿으면서도 현실적으로 두려움에 빠질 때(일)는 언제인가?

관찰문제 5번 참고. 믿음은 두려움과 공존할 수 없다. 믿음과 두려움은 서로 상극이기 때문이다. 그러므로 예수님을 믿는다는 것은 두려움에서 해방되는 것일 뿐 아니라, 두려워하는 것을 의지적으로 거부하는 일이다. 우리는 주님의 능력을 의심하지 않고 온전히 믿어야 두려움을 떨쳐 낼 수 있다.

우리는 주님을 믿는 자들이다. 하지만 삶의 문제를 해결할 능력도, 두려움을 이기는 온전한 믿음도 부족한 것이 우리의 실상이다. 그렇지만 실망할 필요가 없다. 주님이 풍랑의 위기 가운데 있는 제자들을 찾아오신 것처럼, 믿는 우리에게도 찾아오셔서 두려움을 버리고 믿음을 갖도록 인도하시기 때문이다. 주님은 어려움에 처한 우리를 불쌍히 여기시고 끝까지 신실하게 지켜 주신다. 우리 자신은 믿을 수 없지만 주님을 믿고 신뢰해야 한다. 예수님을 믿으면서도 여전히 두려워하거나 믿지 못해 전전긍긍하며 의심에 빠질 때(일)는 언제인지 이야기해 본다.

3 예수님은 한 아이가 드린 보리떡 다섯 개와 물고기 두 마리로 5,000명을 배불리 먹이셨다. 당신이 다른 사람들의 유익을 위해 작은 것이라도 나누고 있는 것은 무엇인가?

관찰문제 3번 참고. 오병이어의 기적은 세상이 끝나는 날 하나님이 우리를 위해 베푸실 잔치를 기대하게 한다. 하나님은 가장 좋은 음식으로 우리를 대접하시며 풍족하게 주실 것이다. 우리가 예수님으로 인해 이 땅에서 누리고 즐기는 평안도 참으로 좋지만 세상 끝 날에 누리게 될 평안에 비하면 아무것도 아니다. 그러니 하나님과 함께할 다음 세상을 모든 상상력을 동원해 기대해도 좋다.

때때로 하나님은 지극히 작은 것을 통해 매우 큰 일을 하신다. 예수님은 빵 다섯 개와 물고기 두 마리로 수천 명을 먹이셨다. 가장 작은 것이라도 주님께 드리면 주님은 그것을 통해 상상을 초월하는 일을 하시기도 한다. 하나님은 우리의 작은 헌신을 헛되게 하지 않으시는 분이기 때문이다. "나 하나쯤이야", "내가 이렇게 한들 바뀌겠어?" 같은 냉소적인 태도나 "내가 성공하면"과 같은 조건을 달지 말고 "나라도 기꺼이 하겠다"라는 의지를 가지고 지금 내가 할 수 있는 작은 실천을 하는 것이 중요하다. 예를 들면, 지역사회 소외 계층을 위한 자원봉사, 암 환자를 위한 생머리 기부, 헌혈, 유기견이나 들고양이 보호 등이 있다. 각자 생활 속에서 다른 사람이나 공공의 유익을 위해 실천하고 있는 나눔이나 앞으로 나눌 수 있는 것들은 무엇인지 이야기해 본다.

VII. 마무리

기도로 마무리한다.
제8주 관찰문제를 예습해 오게 한다.
실천과제를 제시한다.

🌼 생활의 아로마(실천)

예 1) 핑계 대지 말고 '나라도'라는 마음으로 섬김과 베풂을 실천한다.

2) '내가 성공하면'과 같은 조건(상황, 때, 물질 등) 달지 말고 헌신할 일은 무엇인지 찾아본다.

제8주 주 내 안에, 나 주 안에

요한복음 6:22-59

생명의 떡이신 예수님을 영접한 우리는 이미 영생 얻었음을 믿고, 예수님과 지속적인 관계를 맺으며 살아간다.

KEYWORD 생명의 떡, 영접, 영생

I. 찬양과 기도

II. 지난주 실천과제 나눔

III. 복습문제 풀이

 복습

1 예수님은 떡과 물고기를 어떻게 하셨는가? 몇 명이 먹고 얼마가 남았으며, 사람들은 이 표적을 보고 예수님을 어떻게 표현했는가? (6:10-14)

    a) 예수님의 행하심(11절): 떡과 물고기를 가져다가 축사하신 후 앉아 있는 자들에게 나눠 줌

    b) 먹은 사람 수, 남은 조각(10, 13절): 5,000명쯤 먹고, 열두 바구니가 남음

    c) 예수님에 대한 사람들의 표현(14절): 참으로 세상에 오실 그 선지자

6:22 이튿날 바다 건너편에 서 있던 무리가 배 한 척 외에 다른 배가 거기 없는 것과 또 어제 예수께서 제자들과 함께 그 배에 오르지 아니하시고 제자들만 가는 것을 보았더니 23 (그러나 디베랴에서 배들이 주께서 축사하신 후 여럿이 떡 먹던 그 곳에 가까이 왔더라) 24 무리가 거기에 예수도 안 계시고 제자들도 없음을 보고 곧 배들을 타고 예수를 찾으러 가버나움으로 가서 25 바다 건너편에서 만나 랍비여 언제 여기 오셨나이까 하니 26 예수께서 대답하여 이르시되 내가 진실로 진실로 너희에게 이르노니 너희가 나를 찾는 것은 표적을 본 까닭이 아니요 떡을 먹고 배부른 까닭이로다 27 썩을 양식을 위하여 일하지 말고 영생하도록 있는 양식을 위하여 하라 이 양식은 인자가 너희에게 주리니 인자는 아버지 하나님께서 인치신 자니라 28 그들이 묻되 우리가 어떻게 하여야 하나님의 일을 하오리이까 29 예수께서 대답하여 이르시되 하나님께서 보내신 이를 믿는 것이 하나님의 일이니라 하시니 30 그들이 묻되 그러면 우리가 보고 당신을 믿도록 행하시는 표적이 무엇이니이까, 하시는 일이 무엇이니이까 31 기록된 바

하늘에서 그들에게 떡을 주어 먹게 하였다

함과 같이 우리 조상들은 광야에서 만나를 먹었나이다 32 예수께서 이르시되 내가 진실로 진실로 너희에게 이르노니 모세가 너희에게 하늘로부터 떡을 준 것이 아니라 내 아버지께서 너희에게 하늘로부터 참 떡을 주시나니 33 하나님의 떡은 하늘에서 내려 세상에 생명을 주는 것이니라 34 그들이 이르되 주여 이 떡을 항상 우리에게 주소서 35 예수께서 이르시되 나는 생명의 떡이니 내게 오는 자는 결코 주리지 아니할 터이요 나를 믿는 자는 영원히 목마르지 아니하리라 36 그러나 내가 너희에게 이르기를 너희는 나를 보고도 믿지 아니하는도다 하였느니라 37 아버지께서 내게 주시는 자는 다 내게로 올 것이요 내게 오는 자는 내가 결코 내쫓지 아니하리라 38 내가 하늘에서 내려온 것은 내 뜻을 행하려 함이 아니요 나를 보내신 이의 뜻을 행하려 함이라 39 나를 보내신 이의 뜻은 내게 주신 자 중에 내가 하나도 잃어버리지 아니하고 마지막 날에 다시 살리는 이것이니라 40 내 아버지의 뜻은 아들을 보고 믿는 자마다 영생을 얻는 이것이니 마지막 날에 내가 이를 다시 살리리라 하시니라 41 자기가 하늘에서 내려온 떡이라 하시므로 유대인들이 예수에 대하여 수군거려 42 이르되 이는 요셉의 아들 예수가 아니냐 그 부모를 우리가 아는데 자기가 지금 어찌하여 하늘에서 내려왔다 하느냐 43 예수께서 대답하여 이르시되 너희는 서로 수군거리지 말라 44 나를 보

내신 아버지께서 이끌지 아니하시면 아무도 내게 올 수 없으니 오는 그를 내가 마지막 날에 다시 살리리라 [45] 선지자의 글에

그들이 다 하나님의 가르치심을 받으리라

기록되었은즉 아버지께 듣고 배운 사람마다 내게로 오느니라 [46] 이는 아버지를 본 자가 있다는 것이 아니니라 오직 하나님에게서 온 자만 아버지를 보았느니라 [47] 진실로 진실로 너희에게 이르노니 믿는 자는 영생을 가졌나니 [48] 내가 곧 생명의 떡이니라 [49] 너희 조상들은 광야에서 만나를 먹었어도 죽었거니와 [50] 이는 하늘에서 내려오는 떡이니 사람으로 하여금 먹고 죽지 아니하게 하는 것이니라 [51] 나는 하늘에서 내려온 살아 있는 떡이니 사람이 이 떡을 먹으면 영생하리라 내가 줄 떡은 곧 세상의 생명을 위한 내 살이니라 하시니라 [52] 그러므로 유대인들이 서로 다투어 이르되 이 사람이 어찌 능히 자기 살을 우리에게 주어 먹게 하겠느냐 [53] 예수께서 이르시되 내가 진실로 진실로 너희에게 이르노니 인자의 살을 먹지 아니하고 인자의 피를 마시지 아니하면 너희 속에 생명이 없느니라 [54] 내 살을 먹고 내 피를 마시는 자는 영생을 가졌고 마지막 날에 내가 그를 다시 살리리니 [55] 내 살은 참된 양식이요 내 피는 참된 음료로다 [56] 내 살을 먹고 내 피를 마시는 자는 내 안에 거하고 나도 그의 안에 거하나니 [57] 살아 계신 아버지께서 나를 보내시매 내가 아버지로 말미암아 사는 것 같이 나를 먹는 그 사람도 나로 말미암아 살리라[58] 이것은 하늘에서 내려온 떡이니 조상들이 먹고도 죽은 그것과 같지 아니하여 이 떡을 먹는 자는 영원히 살리라 [59] 이 말씀은 예수께서 가버나움 회당에서 가르치실 때에 하셨느니라

V. 관찰문제의 바른 답

🔍 말씀 돋보기(관찰)

1 무리가 예수님을 찾아온 까닭은 무엇이며, 예수님만이 주실 수 있는 양식은 무엇인가?(6:26-27)

   a) 무리가 찾아온 이유(26절): 표적을 본 까닭이 아니요 떡을 먹고 배부른 까닭

   b) 예수님이 주시는 양식(27절): 영생하도록 하는 양식

무리가 가버나움 회당에서 가르치고 계시는 예수님을 찾았다. 예수님은 그들이 찾아온 것에 대해 표적을 본 까닭이 아니라 떡을 먹고 배부른 까닭이라고 하신다. 표적은 예수님이 메시아이심을 드러내는 기적과 징조다. 그러므로 표적의 의미를 깨달은 사람은 예수님을 하나님의 아들로 영접한다. 그러나 그들의 유일한 관심사는 예수님을 통해 배불리 먹었다는 사실이다. 그들은 표적을 보고 메시아이신 예수님께 영적인 필요를 채워 달라고 온 것이 아니라 왕이 되어 자신들의 육적인 필요를 채워 달라며 찾아왔다.

이러한 사실을 아시는 예수님은 그들에게 썩을 양식을 위해 일하지 말고 영생하게 하는 양식을 위해 일하라고 하신다. 육적인 양식을 구하지 말고 영생을 위한 양식을 구하라는 것이다. 먹으면 다시는 배고프지 않을 영적 양식은 오직 예수님만 주실 수 있다. 예수님은 하나님 아버지가 인 치신 분이기 때문이다. 인을 치는 것은 소유권(관계)과 연관이 있다. 우리말 번역본들은 하나님이 예수님에게 인 치신 일을 능력과 권세를 주신 것(공동번역), 혹은 영생하게 하는 양식 주는 것을 허락하신 것으로(아가페) 해석한다. 문맥을 고려할 때 하나님이 예수님을 영생하게 하는 양식을 주는 이로 공인하고 구별하셨다는 뜻이다. 바로 예수님이 이 생명의 양식이시기 때문이다.

2 예수님이 말씀하신 '하나님의 일'은 무엇인가? 하늘로부터 온 참 떡은 누구를 상징하며, 그분은 세상에 무엇을 주시는가?(6:29, 33, Tip)
a) 하나님의 일(29절): 하나님께서 보내신 이(예수님)를 믿는 것
b) 참 떡의 상징(Tip): 예수님
c) 참 떡이 주는 유익(33절): 세상에 생명을 주는 것

사람이 영생에 이르기 위해 해야 하는 단 한 가지 '하나님의 일'은 하나님이 보내신 이, 곧 예수님을 믿는 것이다. 그러므로 영생에 이르는 일은 매우 간단하면서도 다른 한편으로 사람이 스스로 할 수 없는 매우 어려운 일이다. 하나님이 보내신 사람이 아니면 예수님을 믿을 수 없다. 구원은 하나님의 단 한 가지 일, 곧 예수 그리스도를 믿음으로써 얻는다. 천

국은 우리의 업적과 노력이 아니라 오직 예수 그리스도라는 문을 통해서
만 들어갈 수 있다.

그런데 무리는 아직도 믿음보다는 '일'에 집착하며 예수님에게 자신들이
믿을 수 있도록 표적(기적)을 요구한다. 그들은 바로 전날 예수님이 오병
이어로 5,000명을 먹이시는 표적을 보았다. 만일 예수님을 믿고자 하는
마음이 있었다면 더 이상 무슨 기적이 필요한가? 기적은 사람을 변화시
키지 못하며 믿음으로 인도하지도 못한다. 오직 하나님의 말씀만이 이런
일을 할 수 있다. 예수님이 바로 말씀이시기 때문이다.

유대인들은 모세를 특별하게 생각했다. 그들은 세월이 지나면서 모세가
율법과 만나를 준 것으로 착각했다. 예수님은 모세가 하늘로부터 떡을
준 것이 아니라 하나님 아버지께서 모세를 통해 그들에게 만나를 주셨다
고 가르쳐 주신다. 하나님은 지금도 계속해서 하늘로부터 참 떡을 내려
주신다. 모세를 통해 주신 떡(만나)은 참 떡이 아니라 썩어 없어지는 떡
이다. 반면에 하나님이 지금도 내려 주시는 참 떡은 세상에 생명을 주는
떡, 곧 영생에 이르게 하는 떡이다. 그 참 떡은 예수님이다. 그러므로 누
구든지 예수님을 영접하면 영생을 얻는다.

3 예수님은 자신이 누구라고 선언하시는가? 예수님이 하늘에서 내려
오신 목적과 하나님 아버지의 뜻은 무엇인가?(6:35, 38, 40)
a) 예수님 자신에 대한 선언(35절): 생명의 떡
b) 하늘에서 내려오신 목적(38절): 나를 보내신 이(하나님 아버지)의 뜻을 행하
기 위해
c) 하나님 아버지의 뜻(40절): 아들(예수님)을 보고 믿는 자마다 영생을 얻는 것

예수님은 자신을 가리켜 '나는 생명의 떡이다'라고 선언하신다. 곧 하나
님이 하늘에서 내리는 떡이라 하신다. 그러므로 예수님을 먹고 마시는
(영접하는) 사람은 결코 주리지 않으며 영원히 목마르지 않을 것이다. 하
나님 아버지께서 예수님에게 주신 자들은 모두 예수님께 올 것이다. 사
람이 예수님을 영접하거나 부인하는 것은 이미 하나님이 정하신 일이다.
사람이 아들이신 예수님께 오는 것은 곧 하나님이 그들을 보내셨다는 증

거다. 하나님은 그들을 보내시면서 예수님이 그중 하나도 잃지 않고 마지막 날에 다시 살리시기를 원하셨다. 우리의 구원은 끝까지 함께하며 보호하시는 예수님으로 완성된다. 이것이 우리를 구원으로 이끄시는 하나님의 '성도의 견인'이다.

예수님이 하늘에서 내려오신 것은 자기 뜻을 행하기 위해서가 아니라, 그를 보내신 하나님의 뜻을 행하기 위해서다. 예수님은 성육신하시기 전 영원한 집인 하늘에서 하나님과 함께 계셨다. 예수님은 이 땅에 거하시는 하나님이시다.

하나님 아버지의 뜻은 아들이신 예수님을 보고 믿는 자마다 영생을 얻는 것이다. 복음에는 어떠한 차별도 없다. 누구든지 예수님을 믿으면 영생을 얻는다. 예수님은 믿는 자가 이미 영생을 가졌다고 하신다(47절). 앞으로 소유하게 될 것이 아니라 지금 가지고 있다는 뜻이다. 구원에 이르는 믿음은 오직 하나이며, 예수님을 생명의 떡으로 믿는 것이고 하나님을 믿는 것이다.

4 예수님이 주실 떡은 구체적으로 무엇인가? 주님의 살과 피가 상징하는 바와 그것을 먹고 마신다는 의미는 무엇인가?(6:51, Tip)

a) 예수님이 주실 떡(51절): 세상의 생명을 위한 내(예수님) 살

b) 살과 피의 상징(Tip): 예수님의 십자가 죽음

c) 그것을 먹고 마신다는 의미(Tip): 예수님을 내 안에 내재하시는 내적 존재로 영접한다는 뜻

 예수님이 주실 떡은 곧 그분의 살이다. 누구든지 예수님의 살을 먹고 피를 마시는 자만이 그 안에 생명이 있다. 본문이 언급하는 예수님의 살과 피는 십자가 죽음을 상징한다. 유대인들은 예수님의 말씀을 문자적으로 해석해 매우 혐오스러운 일을 요구하는 것으로 이해했다. 정결에 관한 율법은 부정한 짐승을 먹지 못하게 하고, 스스로 죽은 짐승의 고기를 먹지 못하게 했으며, 모든 짐승의 피는 흘려 버리라고 했다(창 9:4). 이러한 상황에서 '사람'(예수님)의 살과 피를 먹어야 영생을 얻을 수 있다는 예수님의 말씀은 그들을 서로 다투게(심한 논쟁) 했고, 예수님과 유대인들 사

이의 갈등을 부추겼다.

예수님의 살과 피를 '먹고 마신다'는 것은 예수님을 내 안에 내재하는 내적 존재로 영접한다는 뜻이다. 그러므로 믿는 자마다 예수님의 살과 피를 이미 먹고 마셨다. 누구든지 예수님의 십자가 죽음과 자신을 연관 짓지 않으면 생명(영생)이 없음을 단호하게 말씀하시는 것이다.

5 예수님의 피와 살을 먹고 마시는 자에게 일어나는 변화는 무엇이며, 이제부터 그들이 살아가는 방법은 무엇인가?(6:56-57)

a) 변화(56절): 그가 내(예수님) 안에 거하고, 나(예수님)도 그의 안에 거함

b) 살아가는 방법(57절): 예수님으로 말미암아 살아감

예수님의 살은 참된 양식이요, 예수님의 피는 참된 음료다. 예수님의 살을 먹고 마시는 자마다 예수님 안에 거하고, 예수님이 그의 안에 거하신다. 예수님을 영접할 때 살과 피를 먹고 마시는 것은 한 번 있는 일이지만, 예수님의 내재하심을 의미하는 먹고 마심은 지속되어야 한다. 계속 먹고 계속 마셔야 한다는 뜻이다. '거하다'는 내면의 지속적이고 인격적인 교제를 뜻한다. 아버지가 아들 안에, 성령이 아들 안에 거하시는 것처럼 믿는 자들은 그리스도 안에, 그리스도는 그들 안에 거하신다. 우리가 예수님을 구주로 영접하는 순간 예수님과 우리 사이에 일종의 '상호 거주'라는 변화가 일어난다.

또한 우리가 예수님 안에 거하고 예수님이 우리 안에 거하시면, 예수님이 자신을 보내신 아버지로 말미암아 사는 것처럼, 우리도 우리를 구원하신 예수님으로 말미암아 살 수 있게 된다. 예수님이 우리에게 주시는 생명은 곧 하나님이 예수님에게 주신 것을 의미하며, 예수님이 하나님께 순종하며 사신 것처럼 우리도 예수님께 순종하며 살 수 있다.

삶의 내비게이션(적용)

1 예수님을 영접한 사람들은 예수님 안에 거하고, 예수님과 하나 되어
살게 된다. 당신이 예수님 안에 살면서 행복했던 순간은 언제인가?

관찰문제 5번 참고. 예수님이 십자가에서 흘리신 피를 마시고 찢기신 살을 먹
지 않고는(영접하지 않고는) 영생을 얻을 수 없다. 예수님은 하늘에서 내려온
영원한 생명의 떡이기 때문이다. 누구든지 예수님을 영접하는 자에게 영생을
주실 것이므로 종말에 그들을 다시 살리실 것이다.

예수님을 영접한 사람들만 하나님과 예수님이 하나 되신 것처럼 예수님과 하나
가 될 수 있다. 예수님이 그들 안에, 그들이 예수님 안에 거하게 된다. 예수님
안에 거한다는 것은 내면의 지속적이고 인격적인 교제를 갖는 것이다. 요한복
음 15:4은 가지가 포도나무에 붙어 있지 않으면 스스로 열매를 맺을 수 없음같
이 우리가 예수님 안에 있을 때 열매를 맺게 된다고 말한다. 이러한 일이 가능
한 것은 우리가 예수님을 구주로 영접하는 순간 우리 안에 다음과 같은 변화가
일어나기 때문이다. "내가 그리스도와 함께 십자가에 못 박혔나니 그런즉 이제
는 내가 사는 것이 아니요 오직 내 안에 그리스도께서 사시는 것이라 이제 내가
육체 가운데 사는 것은 나를 사랑하사 나를 위하여 자기 자신을 버리신 하나님
의 아들을 믿는 믿음 안에서 사는 것이라"(갈 2:20). 하루를 시작하고 마무리하
는 시간에 말씀을 묵상하면서 주님과 나누는 교제, 주일에 가족들과 함께 예배
드리러 가는 길, 교회학교 시절(성탄절, 부활절, 여름성경학교, 수련회 등)의 즐
거운 추억, 또한 어려운 일을 당해 힘든 마음을 가지고 주님 앞에 나아갔을 때
상황은 여전히 변한 것이 없지만 주님을 통해 위로와 소망을 얻은 일 등은 예수
님 안에서만 맛볼 수 있는 행복이다. 예수님 안에 살면서 행복했던 순간은 언제
인지 나누고, 현재도 그런 행복을 누리고 있는지 점검하는 시간을 갖는다.

2 예수님이 하늘로부터 내려오신 것은 하나님 아버지의 뜻(예수님을
보고 믿는 자마다 영생을 얻는 것)을 행하기 위해서다. 당신이 교회
나 가정, 직장 등에서 현재 헌신하고 있는 하나님의 일은 무엇인가?

관찰문제 3번 참고. 하나님 아버지의 뜻은 아들이신 예수님을 보고 믿는 자마다 영생을 얻는 것이다. 인간의 구원은 전적으로 하늘에 계시는 하나님에 의해 결정된다. 하나님은 누구든지 믿는 자는 영생을 얻도록 예수님을 이 땅에 생명의 떡으로 보내셨으며, 구원하기로 결정한 이들을 예수님께 보내신다. 예수님은 하나님이 보내신 이들을 세상 끝 날까지 보호하시며 그들에게 영생을 주신다. 그러므로 사람에게는 구원을 얻게 된 일에 대해 자랑하거나 내세울 만한 것이 하나도 없다. 모두 다 하나님이 하신 일이기 때문이다. 그러므로 우리는 구원을 생각할 때마다 하나님께 감사해야 한다.

예수님은 하나님 아버지의 뜻을 이루기 위해 하늘에서 내려오셨다. 이 땅에 오셔서 아버지의 뜻에 따라 모든 일을 하셨다. 우리도 하나님의 일을 하도록 부르심을 받았다. 그러므로 우리가 하고자 하는 일이 아니라, 하나님이 하시고자 하는 일을 해 나가는 신실한 종이 되어야 한다. 가정에서 부모로서 자녀들에게 말씀을 가르치고 함께 가정예배를 드리고, 어려운 이웃이나 기관을 찾아가 섬기며 신앙 지도를 하고, 직장에서 동료들의 관심사와 고충을 들으며 위로와 실제적인 도움을 주고, 기독교 세계관과 복음을 가지고 대화하고, 하나님이 주시는 마음과 자신의 은사를 따라 때에 맞게 하나님의 일을 실천하기에 힘써야 한다. 교회나 가정, 직장 등에서 현재 헌신하고 있는 하나님의 일은 무엇인지 이야기해 본다.

3 무리는 예수님이 오병이어로 5,000명을 먹이시는 표적을 보고도 믿지 못하고 또 다른 표적을 요구한다. 이는 기적은 사람을 믿음으로 인도하지 못한다는 것을 보여 준다. 당신이 믿음의 성장을 위해 결단할 것은 무엇인가?

관찰문제 2번 참고. 무리는 전날 예수님이 행하신 기적을 경험하고도 그분이 메시아라는 것을 믿을 수 있도록 기적을 보여 달라고 한다. 설령 예수님이 그들의 요구에 응해 더 큰 표적을 보여 주신다고 해도 그들은 믿지 않을 것이다. 기적을 경험한다고 해서 반드시 믿음이 생기지는 않는다. 믿음은 보는 것에서 나지 않고 하나님의 말씀을 듣는 것(순종하는 것)에서 난다(롬 10:17).

오늘날에는 다양한 매체를 통해 언제든지 말씀을 들을 수 있다. 믿음의 성장을 위해 말씀을 듣고, 들은 말씀을 내 삶에 적용해 행함과 열매로 나타내야 한다.

차일피일 미루던 말씀 읽기와 묵상과 기도 생활, 믿음의 성장을 방해하는 상처와 상한 감정, 어긋난 관계, 부정적인 사고와 언어 습관, 예배 시간 지각 및 졸음 등 사소하지만 자주 반복되고 있는 잘못된 습관들을 점검하고 신앙을 회복하는 분별력이 필요하다. 믿음의 성장을 위해 각자 결단해야 할 것은 무엇인지 이야기해 본다.

Ⅶ. 마무리

기도로 마무리한다.
제9주 관찰문제를 예습해 오게 한다.
실천과제를 제시한다.

 생활의 아로마(실천)

예 1) 내 안에 계시는 예수님과 함께한다는 것은 감정이나 이성으로 느끼는 것이 아니라 삶의 자세(의지함, 담대함, 감사함 등)임을 기억한다.

제9주 정죄보다 용서를

요한복음 7:53-8:11

학습목표

우리는 예수님께 씻을 수 없는 죄를 용서받은 자임을 기억하고, 다른 사람의 잘못을 너그럽게 용서하는 삶을 살도록 힘쓴다.

KEYWORD **군중 심리, 정죄, 용서**

I. 찬양과 기도

II. 지난주 실천과제 나눔

III. 복습문제 풀이

 복습

1 예수님은 자신이 누구라고 선언하시는가? 예수님이 하늘에서 내려
오신 목적과 하나님 아버지의 뜻은 무엇인가?(6:35, 38, 40)

a) 예수님 자신에 대한 선언(35절): 생명의 떡

b) 하늘에서 내려오신 목적(38절): 나를 보내신 이(하나님 아버지)의 뜻을 행하
기 위해

c) 하나님 아버지의 뜻(40절): 아들(예수님)을 보고 믿는 자마다 영생을 얻는 것

[7:53] [다 각각 집으로 돌아가고 [8:1] 예수는 감람 산으로 가시니라 [2] 아침에 다시 성전으로 들어오시니 백성이 다 나아오는지라 앉으사 그들을 가르치시더니 [3] 서기관들과 바리새인들이 음행중에 잡힌 여자를 끌고 와서 가운데 세우고 [4] 예수께 말하되 선생이여 이 여자가 간음하다가 현장에서 잡혔나이다 [5] 모세는 율법에 이러한 여자를 돌로 치라 명하였거니와 선생은 어떻게 말하겠나이까 [6] 그들이 이렇게 말함은 고발할 조건을 얻고자 하여 예수를 시험함이러라 예수께서 몸을 굽히사 손가락으로 땅에 쓰시니 [7] 그들이 묻기를 마지 아니하는지라 이에 일어나 이르시되 너희 중에 죄 없는 자가 먼저 돌로 치라 하시고 [8] 다시 몸을 굽혀 손가락으로 땅에 쓰시니 [9] 그들이 이 말씀을 듣고 양심에 가책을 느껴 어른으로 시작하여 젊은이까지 하나씩 하나씩 나가고 오직 예수와 그 가운데 섰는 여자만 남았더라 [10] 예수께서 일어나사 여자 외에 아무도 없는 것을 보시고 이르시되 여자여 너를 고발하던 그들이 어디 있느냐 너를 정죄한 자가 없느냐 [11] 대답하되 주여 없나이다 예수께서 이르시되 나도 너를 정죄하지 아니하노니 가서 다시는 죄를 범하지말라 하시니라]

V. 관찰문제의 바른 답

🔍 말씀 돋보기(관찰)

1 예수님이 성전으로 가셨을 때 서기관과 바리새인이 끌고 온 자는 누구인가? 그 이유는 무엇인가?(8:3, 6)

    a) 서기관과 바리새인 끌고 온 자(3절): 음행 중에 잡힌 여인

    b) 그 이유(6절): 고발할 조건을 얻고자 예수님을 시험하려고

 예수님이 아침 일찍 성전으로 가셨다. 예수님은 유대교 지도자들이 자신을 잡기 위해 어떤 음모를 꾸미든 상관하지 않으시고 하던 일을 계속하신다. 그들이 예수님에게 손을 대지 못하는 것은 아직 하나님이 정하신 때가 이르지 않았기 때문이다. 예수님이 성전에서 가르치실 때 서기관과

바리새인들이 음행 중에 잡힌 여인을 끌고 와 무리 가운데 세웠다. 이 여인은 남자와 간음하다가 잡혀 온 것으로 보인다.

'서기관'은 대부분 바리새인이었으며, 구약과 율법 해석에 대한 전문가들이었다. 서기관과 바리새인들이 이 여인을 예수님 앞에 잡아 온 것은 고발할 조건을 얻고자 예수님을 시험하고 함정에 몰아넣기 위해서다. 이전과 달리 그들은 예수님을 잡으려 하지 않는다. 아마도 예수님의 대중적인 인기로 인해 당분간 지켜보기로 한 것으로 보인다. 이런 상황에서 예수님을 잡아들이면 사람들의 반발이 만만치 않을 것이기 때문이다. 그러므로 그들은 함정을 파 놓고 예수님이 걸려들기를 바라며 여인을 끌고 왔다.

2 율법은 간음한 여인을 어떻게 하라고 명하는가? 간음죄로 처형하려면 증인이 몇 명 이상 필요한가?(8:5, Tip)
a) 간음죄에 대한 율법의 명령(5절): 간음한 여인을 돌로 치라
b) 필요한 증인(Tip): 최소 두 명 이상

서기관과 바리새인들은 이 여인이 간음하다 현장에서 잡혔다고 한다. 즉 한 남자와 성행위를 하고 있던 여인을 잡아 왔다는 것이다. 율법에 따르면 누군가를 간음죄로 처형하려면 현장을 목격한 증인이 최소한 두 명 있어야 한다.

그들은 모세의 율법에서는 이러한 여자를 돌로 치라고 명하는데 예수님은 어떻게 하겠냐고 묻는다. 만일 율법이 돌로 치라고 하는데 예수님이 치지 말고 놓아주라고 하면 예수님은 율법을 위반하는 사람이 되며, 대중은 이 일로 예수님께 등을 돌릴 것이다. 반대로 만일 예수님이 여인을 돌로 치라고 하면, 예수님은 율법을 준수하는 이가 되지만 로마 사람들이 예수님을 가만히 두지 않을 것이다. 로마 사람들은 유대인에게 사람을 처형할 법적인 권리를 주지 않았기 때문이다.

율법은 간음한 남자와 여자 둘 다 돌로 치라고 한다. 그런데도 서기관과 바리새인들이 남자는 뒤로 빼돌리고 여자만 잡아 온 것은 공의로운 재판에 관심이 없음을 보여 준다. 그들의 목적은 율법에 따라 이 여인을 재판하는 것이 아니라 예수님을 재판하는 것이다. 그들은 예수님에게 이 여

인을 율법에 따라 재판해 달라고 하면서 본의 아니게 예수님을 그들의 재판관으로 세우고 있다. 세상이 끝나는 날 예수님은 재판관으로 그들 앞에 나타나 반드시 그들을 재판하고 처벌하실 것이다.

3 서기관과 바리새인들의 질문이 계속되자 예수님은 뭐라고 대답하시고, 어떤 행동을 취하셨는가?(7:7-8)
a) 예수님의 대답(7절): "너희 중에 죄 없는 자가 먼저 돌로 치라"
b) 예수님의 행동(8절): 몸을 굽혀 손가락으로 땅에 쓰심

예수님은 서기관과 바리새인들의 질문에 아무 말씀도 하지 않으시고 몸을 굽혀 손가락으로 땅에 쓰셨다. 예수님이 글을 쓰셨는지, 무엇을 그리셨는지 확실하지 않다. 여러 가지 추측이 있지만 본문이 이러한 것을 언급하지 않는 만큼 지나친 상상력은 자제해야 한다. 다만 예수님이 계속 땅에 무언가를 쓰시는 것은 그들과 대화하기를 거부하거나 대화하고 싶지 않다는 의지를 표현하신 것이다.

그들이 묻기를 멈추지 않고 계속 답하라고 보채자 예수님은 "너희 중에 죄 없는 자가 먼저 돌로 치라"라고 말씀하셨다. '죄 없는 자'는 여인의 죄를 목격한 증인이다. 서기관과 바리새인들은 간음 현장을 목격하지 않았다. 그러므로 그들은 먼저 돌을 던질 자격이 없다. 만일 그들이 돌을 던진다면 자신을 속이는 일이며, 율법을 어기는 일이다. 또한 예수님의 가르침을 듣고 있던 사람들도 이 여인을 처음 보았기 때문에 그들도 먼저 돌을 던질 수 없다. 예수님의 지혜로운 판결로 인해 여인은 한을 품거나 죽지 않아도 된다.

예수님은 다시 몸을 굽혀 손가락으로 땅에 쓰는 일을 계속하셨다. 만일 이 행동을 하나님이 손가락으로 십계명을 써 주신 일과 연결하면, 예수님이 "율법의 목적과 취지는 너희가 이런 식으로 적용하라고 주신 것이 아니다"라고 하시는 듯하다.

4 예수님의 지혜로운 판결을 들은 사람들은 어떤 반응을 보였는가?(7:9)
양심에 가책을 느껴 어른부터 젊은이까지 하나씩 하나씩 그 자리를 떠났다.

Tip 예수님의 말씀을 들은 사람들이 양심에 가책을 느껴 어른부터 젊은이까지 하나씩 하나씩 그 자리를 떠났다. 아마도 바리새인과 서기관들은 망치로 머리를 맞은 듯한 충격을 받았을 것이다. 예수님이 그들의 기대와 달리 전혀 생각하지도 못한 판결을 내리셨기 때문이다. 제일 먼저 자리를 뜬 '어른들'은 어른 대접받기를 좋아하는 바리새인과 서기관들을 포함한다. 할 말을 잃은 그들이 제일 먼저 자리를 뜬 것이다. 예수님에게 수치를 안겨 주려던 자들이 오히려 수치를 안고 자리를 떠났다. 그들의 뒤를 이어 나머지 사람들도 떠났다.

5 예수님이 여인에게 하신 마지막 말씀은 무엇인가? 이를 볼 때 예수님은 어떤 분인가?(7:11, Tip)

a) 마지막 말씀(11절): "나도 너를 정죄하지 아니하노니 가서 다시는 죄를 범하지 말라"

b) 예수님은 어떤 분(Tip): 예수님은 인간의 죄를 용서하시는 하나님

Tip 사람들이 모두 떠나고 예수님과 여인만 남았다. 이제 그녀를 벌할 수 있는 유일한 재판관은 예수님이시다. 예수님은 여인에게 "나도 너를 정죄하지 아니하노니 가서 다시는 죄를 범하지 말라"라고 말씀하신다. '정죄하다'는 법적인 판결을 내린다는 의미다. 또한 현재형으로 사용되어, 앞으로도 이 일로 그녀에게 벌을 내리는 일이 없을 것임을 의미한다. 여인에게 '다시는 죄를 범하지 말라'고 하시는 것은 예수님도 그녀가 간음죄를 지었다는 사실을 아신다는 뜻이다. 이제부터는 과거와 다른 새로운 삶을 살아야 한다며 그녀를 자유로이 보내시는 것이다. 예수님은 죄를 가볍게 여기신 것이 아니라 죄인에게 새로운 기회를 주신 것이다.

본문은 요한이 저작한 오리지널 요한복음에는 없다는 것을 암시하기 위해 대괄호([ ]) 안에 들어가 있다. 이 본문은 주제 측면에서 '예수님은 누구이신가?'라는 질문에 '예수님은 인간의 죄를 용서하시는 하나님이시다'라고 답한다. 하나님이신 예수님은 판결할 자격이 있으시고, 인간의 죄를 용서하는 권세도 가지셨다. 그러므로 예수님이 여인의 죄를 용서하셨다는 것은 예수님이 하나님이심을 선언하신 것이다.

삶의 내비게이션(적용)

1 예수님은 여인의 죄를 용서하시고 다시는 죄를 범하지 말라고 하시며 새로운 삶을 살 기회를 주신다. 당신이 주님을 만나고 새로운 삶을 살아가게 된 때(일)는 언제였으며, 어떤 상황이었는가?

관찰문제 5번 참고. 예수님이 이 땅에 오신 목적은 심판이 아니라 구원하기 위해서다. "사람이 내 말을 듣고 지키지 아니할지라도 내가 그를 심판하지 아니하노라 내가 온 것은 세상을 심판하려 함이 아니요 세상을 구원하려 함이로라"(요 12:47). 우리도 예수님의 말씀을 마음에 새기고 죄인들을 용서하고 구원하는 일에 집중해야 한다.

또한 예수님은 죄인을 용서하시고 그들에게 새로운 기회를 주신다. 우리도 예수님을 만나기 전에는 죄로 죽었던 자들이지만, 우리에게 믿음을 주셔서 예수님을 구주로 영접하고 하나님의 자녀가 되게 하셨다. 주님은 외톨이, 중독자(술, 담배, 마약, 게임, 도박, 일), 일터(가정, 사랑하는 사람 등)를 잃고 방황하던 자, 질병으로 인해 절망한 자, 이단(다른 종교, 미신 등)에 빠져서 삶이 파괴된 자들을 만나 주시고 새로운 삶을 살아가게 하신다. 또한 평범한 일상에서 갑작스럽게 회심하게 하시고 사명자의 길로 부르신다. 각자의 삶과 사역에서 주님을 만나 인생의 터닝 포인트가 된 때는 언제인지 나눈다.

2 서기관과 바리새인들은 예수님을 함정에 몰아넣으려고 했지만 예수님의 지혜로운 판결로 인해 오히려 그들이 수치를 안고 자리를 떠났다. 당신은 모함이나 함정과 같은 어려움에 처할 때 어떻게 대처하는가?

관찰문제 1, 4번 참고. 음행 중이던 여인을 잡아 와 예수님께 판결을 내리라는 서기관과 바리새인들의 의도는 분명하다. 그들은 고발할 조건을 찾고자 예수님을 시험하고 있다. 예수님을 재판장으로 내세웠지만 사실은 예수님을 재판(시험)하고 있다. 예수님은 이러한 사실을 아셨지만 그들에게 아무 말씀도 하지 않으시고 몸을 굽혀 손가락으로 땅에 쓰셨다. 주님은 그들과 대화를 거부하시고

"죄 없는 자가 먼저 돌로 치라"라고 말씀하신다. 예수님의 지혜로운 판결을 들은 사람들이 양심에 가책을 느껴 어른부터 젊은이까지 하나씩 하나씩 그 자리를 떠났다.

한편, 여인으로서는 자기만 처형당하는 것이 너무나 원통하고 억울할 수 있다. 지도자들이 남자는 빼돌리고 여인만 잡아 왔기 때문이다. 하지만 예수님의 지혜로운 판결로 여인은 이제 한을 품거나 죽지 않아도 된다. 모함이나 함정은 감정적으로 상처를 주고받는 상황이기 때문에 대처가 어려울 수 있다. 이럴 때 큰소리를 내며 화를 내는 사람, 상황을 회피하고 무조건 자리를 떠나는 사람, 미안하다는 말로 상황을 빨리 종료하려는 사람, 정면으로 맞대응하며 자신의 입장과 주장을 분명히 밝히고 해명하는 사람, 가족이나 친구나 신뢰할 수 있는 사람에게 상황을 알리고 지지를 구하는 사람, 자신의 강점과 약점을 인정하고 개선하거나 변화가 필요한 부분을 찾는 사람 등이 있다. 살면서 모함이나 함정과 같은 어려움에 처할 때 어떻게 대처하는지 이야기 나누고 개선점을 찾아본다.

3 예수님은 간음한 여인의 죄를 용서하심으로 자신이 곧 하나님이심을 나타내셨다. 당신이 근거 없이 비판하고 정죄하고 있는 것은 무엇인가?

관찰문제 3, 5번 참고. 예수님은 인간의 죄를 용서하시는 하나님이시다. 구약에 따르면 인간의 죄를 용서하실 수 있는 유일한 분은 여호와 하나님이시다. 그러므로 예수님이 여인의 죄를 용서하시고 그녀에게 새로운 삶을 살 기회를 주셨다는 것은 예수님이 하나님이심을 선언하는 일이다. 구약 성도들이 간절히 소망하던 하나님이 오신 것이다.

우리는 서로에게 자비로워야 한다. 정죄하기를 자제하고 용서하기를 더 많이 해야 한다. 정도의 차이는 있겠지만 우리는 모두 하나님께 정죄받아 죽을 수밖에 없는 죄인이다. 그러므로 남을 정죄하는 것은 곧 하나님이 우리를 정죄하시게 하는 효과를 발휘한다. "비판하지 말라 그리하면 너희가 비판을 받지 않을 것이요 정죄하지 말라 그리하면 너희가 정죄를 받지 않을 것이요 용서하라 그리하면 너희가 용서를 받을 것이요"(눅 6:37). 하나님께 용서받기 위해서라도 우리는 다른 사람을 용서해야 한다. 나에게 상처를 준 사람을 용서하는 것은 말처럼 쉬운 일이 아니다. 어떤 사람들은 평생 상처로부터 벗어나지 못해 관계를 단절한 채 살아가기도 한다. 하지만 우리 주변에는 내 자녀를 살인한 아이를 용서하고 양자로 입양한 사람의 이야기, 어릴 적 부모에게 버려졌지만 화해하고 관계를 회복한 마음 따뜻한 이야기도 있다. 반면에 SNS나 유튜브 등을 통해 허위 사실 및 가짜 뉴스를 퍼 나르고 전파하는 것, 악성 댓글 달기, 공동체 나눔을 통해 듣게 된 사적인 이야기나 기도 제목을 퍼트리고 가십거리로 삼기 등 주의가 필요한 이야기도 많다. 각자의 삶에서 다른 사람을 근거 없이 비판하고 정죄하거나, 습관적으로 험담(소문)하는 부주의한 행동은 없는지 나누고 결단하는 시간을 갖는다. 인도자는 용서를 강요하거나 또 다른 가십거리가 되지 않도록 주의점을 상기시키며, 편안하고 진솔한 나눔이 되도록 이끈다.

VII. 마무리

기도로 마무리한다.
제10주 관찰문제를 예습해 오게 한다.
실천과제를 제시한다.

 생활의 아로마(실천)

예 1) 근거 없는 말 퍼뜨리지 않도록 주의한다.
　　2) 다른 사람의 잘못이나 죄를 판단하고 정죄하기 전에 나의 허물부터 되돌아보고 고친다.

제10주 제대로 만나 제대로 보기

요한복음 9:1-41

학습목표

빛 되신 예수님을 통해 영적인 눈을 뜨고 하나님의 빛 안에 살게 되었음을 감사드리며, 주님을 증거하는 삶을 살아간다.

KEYWORD 체험, 용기, 증언

Ⅰ. 찬양과 기도

Ⅱ. 지난주 실천과제 나눔

Ⅲ. 복습문제 풀이

 복습

1 예수님이 여인에게 하신 마지막 말씀은 무엇인가? 이를 볼 때 예수님은 어떤 분인가?(7:11, Tip)

　a) 마지막 말씀(11절): "나도 너를 정죄하지 아니하노니 가서 다시는 죄를 범하지 말라"

　b) 예수님은 어떤 분(Tip): 예수님은 인간의 죄를 용서하시는 하나님

9:1 예수께서 길을 가실 때에 날 때부터 맹인 된 사람을 보신지라 2 제자들이 물어 이르되 랍비여 이 사람이 맹인으로 난 것이 누구의 죄로 인함이니이까 자기니이까 그의 부모니이까 3 예수께서 대답하시되 이 사람이나 그 부모의 죄로 인한 것이 아니라 그에게서 하나님이 하시는 일을 나타내고자 하심이라 4 때가 아직 낮이매 나를 보내신 이의 일을 우리가 하여야 하리라 밤이 오리니 그 때는 아무도 일할 수 없느니라 5 내가 세상에 있는 동안에는 세상의 빛이로라 6 이 말씀을 하시고 땅에 침을 뱉어 진흙을 이겨 그의 눈에 바르시고 7 이르시되 실로암 못에 가서 씻으라 하시니 (실로암은 번역하면 보냄을 받았다는 뜻이라) 이에 가서 씻고 밝은 눈으로 왔더라 8 이웃 사람들과 전에 그가 걸인인 것을 보았던 사람들이 이르되 이는 앉아서 구걸하던 자가 아니냐 9 어떤 사람은 그 사람이라 하며 어떤 사람은 아니라 그와 비슷하다 하거늘 자기 말은 내가 그라 하니 10 그들이 묻되 그러면 네 눈이 어떻게 떠졌느냐 11 대답하되 예수라 하는 그 사람이 진흙을 이겨 내 눈에 바르고 나더러 실로암에 가서 씻으라 하기에 가서 씻었더니 보게 되었노라 12 그들이 이르되 그가 어디 있느냐 이르되 알지 못하노라 하니라 13 그들이 전에 맹인이었던 사람을 데리고 바리새인들에게 갔더라 14 예수께서 진흙을 이겨 눈을 뜨게 하신 날은 안식일이라 15 그러므로 바리새인들도 그가 어떻게 보게 되었는지를 물으니 이르되 그 사람이 진흙을 내 눈에 바르매 내가 씻고 보나이다 하니 16 바리새인 중에 어떤 사람은 말하되 이 사람이 안식일을 지키지 아니하니 하나님께로부터 온 자가 아니라 하며 어떤 사람은 말하되 죄인으로서 어떻게 이러한 표적을 행하겠느냐 하여 그들 중에 분쟁이 있었더니 17 이에 맹인되었던 자에게 다시 묻되 그 사람이 네 눈을 뜨게 하였으니 너는 그를 어떠한 사람이라 하느냐 대답하되 선지자니이다 하니 18 유대인들이 그가 맹인으로 있다가 보게 된 것을 믿지 아니하고 그 부모를 불러 묻되 19 이는 너희 말에 맹인으로 났다 하는 너희 아들이냐 그러면 지금은 어떻게 해서 보느냐 20 그 부모가 대답하여 이르되 이 사람이 우리 아들인 것과 맹인으로 난 것을 아나이다 21 그러나 지금 어떻게 해서 보는지 또는 누가 그 눈을 뜨게 하였는지 우리는 알지 못하나이다 그에게 물어 보소서 그가 장성하였으니 자기 일을 말하리이다 22 그 부모가 이렇게 말한 것은 이미 유대인들이 누구든지 예수를 그리스도로 시인하는 자는 출교하기로 결의하였으므로 그들을 무서워함이러라 23 이러므로 그 부모가 말하기를 그가 장성하였으니 그에게 물어 보소서 하였더라 24 이에 그들이 맹

인이었던 사람을 두 번째 불러 이르되 너는 하나님께 영광을 돌리라 우리는 이 사람이 죄인인 줄 아노라 ²⁵ 대답하되 그가 죄인인지 내가 알지 못하나 한 가지 아는 것은 내가 맹인으로 있다가 지금 보는 그것이니이다 ²⁶ 그들이 이르되 그 사람이 네게 무엇을 하였느냐 어떻게 네 눈을 뜨게 하였느냐 ²⁷ 대답하되 내가 이미 일렀어도 듣지 아니하고 어찌하여 다시 듣고자 하나이까 당신들도 그의 제자가 되려 하나이까 ²⁸ 그들이 욕하여 이르되 너는 그의 제자이나 우리는 모세의 제자라 ²⁹ 하나님이 모세에게는 말씀하신 줄을 우리가 알거니와 이 사람은 어디서 왔는지 알지 못하노라 ³⁰ 그 사람이 대답하여 이르되 이상하다 이 사람이 내 눈을 뜨게 하였으되 당신들은 그가 어디서 왔는지 알지 못하는도다 ³¹ 하나님이 죄인의 말을 듣지 아니하시고 경건하여 그의 뜻대로 행하는 자의 말은 들으시는 줄을 우리가 아나이다 ³² 창세 이후로 맹인으로 난 자의 눈을 뜨게 하였다 함을 듣지 못하였으니 ³³ 이 사람이 하나님께로부터 오지 아니하였으면 아무 일도 할 수 없으리이다 ³⁴ 그들이 대답하여 이르되 네가 온전히 죄 가운데서 나서 우리를 가르치느냐 하고 이에 쫓아내어 보내니라 ³⁵ 예수께서 그들이 그 사람을 쫓아냈다 하는 말을 들으셨더니 그를 만나사 이르시되 네가 인자를 믿느냐 ³⁶ 대답하여 이르되 주여 그가 누구시오니이까 내가 믿고자 하나이다 ³⁷ 예수께서 이르시되 네가 그를 보았거니와 지금 너와 말하는 자가 그이니라 ³⁸ 이르되 주여 내가 믿나이다 하고 절하는지라 ³⁹ 예수께서 이르시되 내가 심판하러 이 세상에 왔으니 보지 못하는 자들은 보게 하고 보는 자들은 맹인이 되게 하려 함이라 하시니 ⁴⁰ 바리새인 중에 예수와 함께 있던 자들이 이 말씀을 듣고 이르되 우리도 맹인인가 ⁴¹ 예수께서 이르시되 너희가 맹인이 되었더라면 죄가 없으려니와 본다고 하니 너희 죄가 그대로 있느니라

V. 관찰문제의 바른 답

🔍 말씀 돋보기(관찰)

1 날 때부터 맹인이 된 것에 대해 제자들과 예수님은 어떤 견해차를 보이는가?(9:2-3)

    a) 제자들의 생각(2절): 자신 또는 그의 부모의 죄 때문이라고 생각함

    b) 예수님의 생각(3절): 하나님이 하시는 일을 나타내고자 함

예수님은 날 때부터 맹인 된 사람을 치료하기 위해 먼저 다가가셨다. 이 맹인은 자기 눈으로 세상을 한 번도 본 적이 없고, 앞으로 보게 될 것이라는 소망도 접은 지 오래다. 자신이 처한 환경에 익숙해진 그는 기적을 행한다는 예수님이 그의 앞을 지나가도 고쳐 달라고 외칠 생각을 하지 않는다. 하나님의 은혜가 필요한 사람이 고쳐 달라고 부르짖질 않으니 예수님이 그를 찾아가신 것이다.

제자들은 예수님께 이 사람이 맹인으로 난 것이 맹인 자신의 죄 때문인지, 혹은 그의 부모의 죄 때문인지 물었다. 그들은 사람이 경험하는 모든 고난과 질병을 죄의 결과로 생각했기 때문이다. 물론 잘못된 생각이지만 당시에는 일부 랍비가 이렇게 가르쳤다. 예수님도 베데스다 못에서 치료해 주신 중풍병자에게 "더 심한 것이 생기지 않게 다시는 죄를 범하지 말라"라고 하신 것을 보면 때때로 인간의 고통과 질병이 죄에서 비롯된다는 것은 사실이다. 하지만 인간의 모든 고통과 질병이 죄에서 비롯되는 것은 아니다. 우리가 도저히 알 수 없는 전혀 다른 일에서 비롯될 수도 있다. 욥의 고난처럼 말이다.

예수님은 그가 맹인이 된 것은 그의 죄나 부모의 죄와 상관없이 하나님이 하시는 일을 그에게 나타내고자 함이라고 말씀하신다. 예수님은 때때로 인간은 죄로 인해 고통당하기도 하지만 이 사람의 경우 죄와 상관없이 고통당하고 있다고 하신다. 우리는 그가 왜 맹인으로 태어났는지 알 수 없다. 그 이유는 창조주 하나님의 고유 영역에 속한 신비로 남겨 두어야 한다.

2 하나님이 맹인에게 행하신 일은 무엇이며, 예수님은 그 일을 누구에게 맡기셨는가?(9:4, Tip)
a) 하나님이 하신 일(Tip): 맹인의 눈을 뜨게 하신 일과 영적인 구원
b) 하나님의 일을 맡은 자들(4절): 우리
....

 하나님은 맹인이 처한 불행한 삶 속에서 하나님의 일을 행하시는데, 가장 기본적인 일은 맹인의 눈을 뜨게 하시는 일이다. 그러나 하나님이 하시는 일은 여기서 멈추지 않는다. 그의 영적 구원, 곧 그가 예수님을 영

접하게 하는 일도 하신다.

예수님은 지금은 낮이므로 하나님이 행하신 일을 우리가 해야 할 때라고 하신다. 예수님은 제자들이 하나님의 일을 하도록 권면하기 위해 '우리' 라고 하신다. 예수님의 제자라는 증거는 그가 하나님의 일을 하느냐 하 지 않느냐로 구분할 수 있다. '우리'가 당장 하나님의 일을 해야 하는 이 유는 조금 있으면 밤이 올 것이고, 밤이 오면 일을 할 수 없기 때문이다. 예수님은 제자들에게 기회가 있을 때 힘써 일할 것을 권면하신다.

예수님이 낮에 하나님의 일을 하라고 하시는 것은 예수님이 세상에 계시 는 동안 세상을 밝히는 빛이 되시기 때문이다. 물론 예수님이 떠나신 후 에도 제자들은 하나님의 일을 계속할 것이며, 지금은 우리가 그 일을 이 어서 하고 있다. 세상의 빛이신 예수님은 영적으로 눈이 어두운 사람들 의 영안을 밝히셔서 세상을 제대로 보게 하신다.

3 예수님은 맹인을 어떻게 치료하셨는가? 그 결과는 어땠는가?(9:6-7)
  a) 치료 방법(6-7절): 땅에 침을 뱉어 진흙을 이겨 그(맹인)의 눈에 바르고 실로 암 못에 가서 씻으라고 하심
  b) 결과(7절): 밝은 눈으로 보게 됨

예수님은 땅에 침을 뱉고 진흙을 이겨 맹인의 눈에 바르셨다. 당시 사람 들은 침에 치료 효과가 있다고 생각했다. '진흙'은 하나님이 태초에 흙으 로 사람을 빚으신 일을 연상케 한다. 창조주께서 온전치 못한 피조물을 고치시는 모습이다. 예수님은 맹인의 눈에 침으로 이긴 진흙을 바르신 후 그에게 실로암 못으로 가서 씻으라고 하셨다. '실로암'은 번역하면 '보 냄을 받았다'라는 뜻이다. 하나님의 보내심을 받은 예수님이 맹인을 '보 냄받은 못'으로 보내 낫게 하신다.

맹인은 예수님의 말씀대로 곧바로 실로암 못으로 가서 씻었고, 밝은 눈 으로 보게 되었다. 이 맹인은 서슴지 않고 순종해 하나님의 치료를 경험 했다. 그의 순종이 하나님의 기적을 경험하게 한 것이다. 우리 삶에서 하 나님의 선하심을 경험하고자 한다면 우리도 먼저 순종해야 한다.

4 예수님에 대해 맹인이었던 사람의 증언과 유대교 지도자들의 선언은 어떻게 다른가?(9:17, 33, 24)

a) 맹인이었던 사람의 증언(17, 33절): 선지자, 하나님께로부터 오신 이

b) 유대교 지도자들의 선언(24절): 죄인

 예수님이 안식일에 맹인을 치료하신 일을 놓고 바리새인 사이에 분쟁이 일었다. 이론적인 논리를 펴는 바리새인들은 예수님이 하나님이 보내신 자라면 하루 더 기다렸다가 치료하면 되는데 굳이 안식일 율법을 어길 필요가 있냐고 주장했다. 하지만 구약 율법은 안식일에 사람을 치료할 수 없다고 하지 않는다. 그들은 안식일 율법을 자기들 마음대로 해석하고 적용하면서 흙 이기는 것을 일로 규정해 모든 사람이 준수해야 할 안식일 율법이라 한다. 실용적인 논리를 펼치는 바리새인들은 만일 맹인을 치료해 준 사람이 죄인이라면 어떻게 이런 표적을 행할 수 있느냐고 주장했다. 맹인을 보게 하는 기적을 행한 것을 보면 분명 하나님으로부터 온 사람이라는 것이다.

맹인이었던 사람은 주저하지 않고 예수님을 '선지자', 그리고 '하나님께로부터 오신 이'라고 증언한다. 이 사람은 배운 것이 없고 하나님에 대해 아는 것도 별로 없지만, 하나님에 대해 많이 안다고 자부하는 소위 '하나님 전문가'인 종교 지도자들보다 더 정확하게 판단하고 있다.

한편, 유대교 지도자들은 맹인의 눈을 뜨게 한 사람(예수님)을 죄인으로 선언한다. 맹인이었던 사람은 예수님이 죄인인지 아닌지는 모르지만, 다만 맹인이었던 자신이 예수님을 통해 보게 되었다는 사실을 선포한다. 그는 하나님이 죄인의 말을 듣지 않으시고 경건하여 주의 뜻대로 행하는 사람의 말을 들으신다면서, 예수님은 죄인이 아니라 하나님이 들으시는 경건한 분이라고 주장한다. 또한 세상이 창조된 이후 그 누구도 맹인으로 난 사람의 눈을 뜨게 한 적이 없다고 선포하며 예수님이 하나님으로부터 오신 이라고 선포한다. 그의 반론은 신학적이면서도 역사적인 진리를 담은 논리 정연한 결론이다. 이야기가 진행됨에 따라 예수님은 '예수라 하는 그 사람'이었으며(11절), '선지자'였으며(17절), '그리스도'였으며(22절), '하나님께로부터 오신 이'(33절)로 표현되면서 예수님이 누구신지

점점 더 확실해진다. 예수님의 은혜를 입은 그는 위축될 수밖에 없는 상황에서도 예수님이 하늘에서 오신 분임을 당당하게 증언했다.

5 자신에 대한 예수님의 소개와 눈을 뜬 사람의 반응은 무엇이며, 예수님이 이 세상에 오신 이유는 무엇인가?(9:35, 38-39)
a) 예수님의 소개(35절): 인자
b) 맹인이었던 사람의 반응(38절): "주여 내가 믿나이다"라고 고백하고 절함
c) 예수님이 이 세상에 오신 이유(39절): 심판하러 이 세상에 오심

 예수님은 맹인이었던 사람을 다시 만나자 인자를 믿느냐고 물으셨다. '인자'는 예수님이 하나님으로부터 모든 권세와 영광, 다스리시고 심판하시는 권한을 받으신 분임을 상징한다. 예수님은 빨리 인자를 믿고 싶다는 그에게 지금 대화를 나누고 있는 이(예수님)가 바로 인자라고 하신다. 그러자 그는 곧바로 예수님께 신앙을 고백하고 절했다. 그는 36절에서 예수님을 '주'라 불렀는데, 이번에도 '주'라고 부른다. 앞에서는 모르는 사람을 부를 때 존경하는 의미에서 '선생님'이라고 부른 것이지만, 이번에는 예수님을 구세주로 영접하며 '주'라고 부르고 있다. 그는 예수님을 만나기 전에는 빛을 본 적이 없다. 항상 어둠 안에 있었다. 그러나 주님을 만난 후로 더는 어둠에 있지 않다. 예수님이 베푸신 기적을 통해 먼저 그의 눈이 보게 되었고, 이번에는 그의 영안이 빛으로 오신 하나님을 보고 있다. 이제 모든 면에서 빛 안에 살게 된 것이다. 그는 이러한 변화에 감사하며 예수님을 하나님으로 경배했다.

예수님은 자신이 세상에 오신 이유가 심판하기 위해서라고 하신다. 심판의 긍정적인 면을 보고자 하지만 정작 보지 못하는 사람들을 보게 함으로써 하나님의 심판을 피하게 하는 것이다. 또한 심판의 부정적인 면을 볼 수 있지만 보기를 거부하는 사람들을 맹인이 되게 해 하나님의 심판을 받게 하는 것이다. 이 이야기는 진짜 맹인이 누구인지에 관한 말씀이다. 예수님은 태어날 때부터 앞을 보지 못한 사람의 눈을 뜨게 하셨고, 눈을 뜬 사람은 예수님을 메시아로 영접했다. 그는 육체적으로 보게 되었을 뿐 아니라, 영적으로도 보게 되었다. 반면에 멀쩡한 눈을 가진 바리

새인들은 예수님을 보지 못한다. 그들이야말로 진짜 맹인이다.

삶의 내비게이션(적용)

1 예수님은 하나님께서 행하신 일(맹인을 치료하시고 영적 구원)을 '우리'가 해야 한다고 권면하신다. 당신이 가장 기쁘게 하나님의 일을 한 때는 언제였고, 그 일은 무엇인가?

관찰문제 2번 참고. 우리는 언제든지 마음만 먹으면 하나님의 일을 할 수 있다고 착각한다. 그러나 하나님의 일을 할 기회는 항상 있는 것이 아니다. 일할 수 없는 때가 반드시 올 것이기 때문에 일할 수 있을 때 열심히 일해야 한다. 우리가 사는 때는 악하니 세월을 아껴(엡 5:16) 하나님을 예배하며 서로 열심히 섬기고 사랑해야 한다. 이것이 우리가 해야 하는 하나님의 일이다.

우리가 하나님의 일을 할 수 있는 것은 특권이다. 바울은 디모데에게 "때를 얻든지 못 얻든지 항상 힘쓰라"라고 당부했다(딤후 4:2). 이 특권은 누구나, 항상 누릴 수 있는 것이 아니라는 사실을 기억해야 한다. 하나님은 전도와 선교를 위해 목회자나 선교사로 부르셔서 특별한 일을 맡기기도 하시지만, 대부분 일상을 통한 섬김과 헌신을 요구하신다. 주님을 인격적으로 만나고 주변 사람들에게 뜨거운 마음으로 전도했던 일, 기쁨으로 예배를 섬겼던 일, 선교 여행에서 성령님의 역사로 수많은 사람이 예수님을 영접하고 교회가 세워지는 현장을 체험한 일, 어려움을 당한 이웃을 위로하고 주께로 인도한 일, 교회 안에서 교사나 셀 리더로서 섬기고 돌봄을 실천한 일, 청년 시절 캠퍼스나 길거리에서 노방전도 또는 팀 사역을 한 일, 가정에서 부모로서 자녀들과 시간을 정해 말씀 나눔의 시간을 가지는 일 등은 우리가 일상에서 할 수 있는 하나님의 일이다. 각자의 삶과 사역을 통해 가장 기쁘게 하나님의 일을 한 때는 언제였는지 나누고, 회복의 시간을 갖는다.

2 맹인이었던 사람은 비록 배우지 못했지만 자신의 눈을 뜨게 하신 예

수님이 '하늘로부터 오신 이'라는 진리를 당당하게 선포한다. 그는 은혜를 입은 사람으로서 예수님의 증인이 되었다. 당신은 예수님이 구원자시라는 진리를 얼마나 자주 증언하는가?

관찰문제 4번 참고. 예수님은 하나님의 일에 낮은 자를 차별 없이 들어 쓰신다. 태어날 때부터 맹인이었던 사람은 배우지도 못했고 가진 것도 없었다. 그런 그가 당시 교육을 가장 많이 받고 성경에 대해 참으로 많이 아는 사람들을 상대로 벌인 논쟁에서 절대적인 승리를 거두었다. 예수님에 대해 경험한 것과 누구든 동의할 수밖에 없는 진리로 지도자들이 조금도 반박하지 못하게 만들었다. 하나님은 세상의 미련한 것들을 택하셔서 지혜 있는 자들을 부끄럽게 하시며, 세상의 약한 것들을 택하셔서 강한 것들을 부끄럽게 하시는 분이다(고전 1:27).

예수님의 은혜를 입은 그는 위축될 수밖에 없는 상황에서도 예수님이 하늘에서 오신 분임을 당당하게 증언했다. 그는 종교 지도자들의 겁박에도 아랑곳하지 않고 자신이 하고 싶은 말로 예수님의 참되심을 선포한 용기 있는 사람이었다. 그렇기에 지도자들에게 핍박을 당하면서도 진실을 있는 그대로 밝혔다. 우리도 그처럼 당당하게 예수님을 증거하는 증인이 되어야 한다. 인도자는 그룹원들이 구원에 대한 확신을 가지고 있는지 질문하고, 예수님만이 우리를 구원하시는 구원자 되심을 언제 누구에게 증언하고 있는지 이야기 나누는 시간을 갖는다.

3 스스로 볼 수 있다며 예수님을 부인하는 바리새인들은 하나님의 계시인 예수님을 보지 못한 반면에, 자신은 볼 수 없다고 고백하며 예수님을 영접한 맹인이었던 사람은 빛으로 오신 하나님을 보았다. 당신이 진리라고 생각했던 것 중에 예수님을 만난 후 변화된 가치관(생각, 태도)은 무엇인가?

관찰문제 5번 참고. 복음은 스스로 부족함을 깨닫고 하나님을 겸손히 바라보는 사람들을 위한 것이다. 예수님은 한때 맹인이었던 사람의 이러한 마음을 아시고 그를 찾아오셨다. 반면에 하나님은 바리새인들처럼 스스로 부족함이 없다고 여기는 사람은 구원하지 않으신다. 오히려 심판하신다.

세상의 관점과 하나님의 관점은 참으로 다르다. 세상의 관점에서는 하나님을 가장 잘 안다는 바리새인들이 의인이고 구원에 이르기에 합당한 자들이라 할 수 있다. 그러나 하나님은 아니라고 하신다. 교만한 그들은 심판을 받기에 합당하다. 반면에 구원에 이를 사람은 하나님에 대해 별로 아는 것이 없지만 겸손히 주님 뵙기를 사모하는 사람이다. 우리 눈으로 보는 것이 실체의 전부는 아니다. 우리도 예수님을 통해 영적인 눈을 뜨기 전에는 세상이 추구하는 물질, 명예, 좋은 학벌, 외모, 고액 연봉 등과 같은 눈에 보이는 자랑거리들을 좇으며 살았다. 그러나 예수님을 만난 후 내가 아끼고 자랑하던 것들보다 주님을 더 사랑하게 되고, 나를 위한 삶이 아닌 하나님의 마음과 뜻을 따르며 주를 위한 삶을 추구하게 되며, TV나 SNS를 즐기던 시간이 성경을 읽고 말씀을 듣는 시간으로 변화하고, 성공을 위해 주말에도 일에 집중하던 삶에서 공동체 예배와 교제가 회복되며, 내 힘과 능력으로 살 수 있다고 자신만만해했는데 내 힘으로는 안 되는 것이 있음을 깨닫고, 자녀와 배우자가 하나님의 자녀임을 고백하고 하나님께 맡겼더니 변화가 일어나는 일 등을 경험한다. 주님을 만나고 새롭게 깨닫게 된 진리나 가치관, 변화된 삶의 태도 등은 무엇인지 이야기해 본다.

Ⅶ. 마무리

기도로 마무리한다.
제11주 관찰문제를 예습해 오게 한다.
실천과제를 제시한다.

 생활의 아로마(실천)

예 1) 아직도 붙들고 있는 세상적 가치들을 점검하고 내려놓는다.
   2) 일상에서 매 순간 말과 행동을 통해 내가 만난 예수님을 담대히 증언한다.

제11주 참 목자를 아는 참 양

요한복음 10:1-21

학습목표

선한 목자이신 예수님이 양을 위해 스스로 목숨을 버리셨듯이, 우리에게
맡겨진 또 다른 양을 주께로 인도하기 위해 힘쓴다.

KEYWORD 참 목자, 우선권, 구원

I. 찬양과 기도

II. 지난주 실천과제 나눔

III. 복습문제 풀이

 복습

1 예수님에 대해 맹인이었던 사람의 증언과 유대교 지도자들의 선언은
어떻게 다른가?(9:17, 33, 24)
a) 맹인이었던 사람의 증언(17, 33절): 선지자, 하나님께로부터 오신 이
b) 유대교 지도자들의 선언(24절): 죄인

10:1 내가 진실로 진실로 너희에게 이르노니 문을 통하여 양의 우리에 들어가지 아니하고 다른 데로 넘어가는 자는 절도며 강도요 2 문으로 들어가는 이는 양의 목자라 3 문지기는 그를 위하여 문을 열고 양은 그의 음성을 듣나니 그가 자기 양의 이름을 각각 불러 인도하여 내느니라 4 자기 양을 다 내놓은 후에 앞서 가면 양들이 그의 음성을 아는 고로 따라오되 5 타인의 음성은 알지 못하는 고로 타인을 따르지 아니하고 도리어 도망하느니라 6 예수께서 이 비유로 그들에게 말씀하셨으나 그들은 그가 하신 말씀이 무엇인지 알지 못하니라 7 그러므로 예수께서 다시 이르시되 내가 진실로 진실로 너희에게 말하노니 나는 양의 문이라 8 나보다 먼저 온 자는 다 절도요 강도니 양들이 듣지 아니하였느니라 9 내가 문이니 누구든지 나로 말미암아 들어가면 구원을 받고 또는 들어가며 나오며 꼴을 얻으리라 10 도둑이 오는 것은 도둑질하고 죽이고 멸망시키려는 것뿐이요 내가 온 것은 양으로 생명을 얻게 하고 더 풍성히 얻게 하려는 것이라 11 나는 선한 목자라 선한 목자는 양들을 위하여 목숨을 버리거니와 12 삯꾼은 목자가 아니요 양도 제 양이 아니라 이리가 오는 것을 보면 양을 버리고 달아나나니 이리가 양을 물어 가고 또 헤치느니라 13 달아나는 것은 그가 삯꾼인 까닭에 양을 돌보지 아니함이나 14 나는 선한 목자라 나는 내 양을 알고 양도 나를 아는 것이 15 아버지께서 나를 아시고 내가 아버지를 아는 것 같으니 나는 양을 위하여 목숨을 버리노라 16 또 이 우리에 들지 아니한 다른 양들이 내게 있어 내가 인도하여야 할 터이니 그들도 내 음성을 듣고 한 무리가 되어 한 목자에게 있으리라 17 내가 내 목숨을 버리는 것은 그것을 내가 다시 얻기 위함이니 이로 말미암아 아버지께서 나를 사랑하시느니라 18 이를 내게서 빼앗는 자가 있는 것이 아니라 내가 스스로 버리노라 나는 버릴 권세도 있고 다시 얻을 권세도 있으니 이 계명은 내 아버지에게서 받았노라 하시니라 19 이 말씀으로 말미암아 유대인 중에 다시 분쟁이 일어나니 20 그 중에 많은 사람이 말하되 그가 귀신 들려 미쳤거늘 어찌하여 그 말을 듣느냐 하며 21 어떤 사람은 말하되 이 말은 귀신 들린 자의 말이 아니라 귀신이 맹인의 눈을 뜨게 할 수 있느냐 하더라

말씀 돋보기(관찰)

1 이 비유에서 예수님은 누구로 비유되는가? 목자와 강도(절도)의 차
  이는 무엇인가?(10: 1-2, 7, 11)
  a) 예수님(7, 2, 11절): 양의 문, 양의 목자(선한 목자)
  b) 목자와 강도의 차이(1-2절): 목자는 문으로 들어가지만 강도와 절도는 다른
    데로 넘어서 들어감

 이 비유에서 예수님은 양 우리로 들어가는 문이며, 또한 그 문을 들어가
양들을 인도하는 참 목자시다. 9장의 맹인 이야기에서 맹인과 부모가 목
자가 필요한 양이라면, 자기 생각과 맞지 않는다며 맹인을 쫓아낸 유대
교 지도자들은 절도와 강도라고 할 수 있다.

'양 우리'(sheepfold, 양 떼를 보호하기 위해 벽이나 울타리를 쳐 둔 공
간)가 들에 있든, 집 근처에 있든 들어가는 문은 단 하나다. 양들에 대해
정당한 권리를 가진 목자는 당연히 이 문을 통해 우리를 출입한다. 정정
당당하게 문으로 들어가는 이는 양의 목자다. 그러나 문을 통하지 않고
담과 울타리를 넘어 양 떼가 모여 있는 우리 안으로 들어가는 자도 있다.
절도며 강도다. '절도'는 주인을 속이는 도둑이며, '강도'는 남의 것을 빼
앗는 자다. 담을 넘는 자는 도둑이자 강도다. 도둑은 문으로 들어갈 수
없다. 문지기가 지키고 있기 때문이다.

2 목자가 양을 인도하고, 양이 목자를 따르는 방법은 무엇인가?
  (10:3-5)
  a) 목자의 인도 방법(3-4절): 양의 이름을 불러서 우리 밖으로 내놓은 후에 앞
    서 감
  b) 양이 따르는 방법(4-5절): 목자의 음성을 알고 따라감

 목자는 자기 양들의 이름을 불러 우리 밖으로 내놓은 다음 앞장서서 가

고, 양들은 목자의 음성을 알고 그를 따라간다. 목자는 다른 목자들의 양 떼와 섞여 있는 무리에서 자기 양들을 불러 우리 밖으로 인도한다. 양들이 목자의 음성을 알기 때문에 가능한 일이다. 예수님은 목자는 양들을 뒤에서 모으는 것이 아니라, 그들 앞에 가면서 길을 인도한다고 하신다. 리더십의 가장 기본적인 원리다. '리더'(leader)는 말 그대로 '리드'(lead) 하는 사람이지 '미는'(push) 사람이 아니다. 중요한 것은 목자와 양들 사이에 형성된 신뢰와 친근함이다. 목자와 양의 친밀함 정도는 아버지와 아들의 친밀한 관계로 비유되며, 우리가 상상할 수 있는 가장 친밀하고 헌신적인 관계다.

양들은 자기 목자의 음성을 알고 따르지만, 타인의 음성은 알지 못하기 때문에 따르지 않고 오히려 도망한다. 양들은 모르는 사람들에게 낯을 가린다. 믿는 자들은 영적인 분별력을 지녀야 한다는 의미다. 모든 사람의 소리가 참 목자의 소리가 아닌 것처럼 이단들의 주장과 예수님의 가르침을 구분할 수 있어야 한다. 예수님의 음성이 아니면 그 자리를 떠나야 한다.

3 예수님이 양의 문이라는 것의 두 가지 의미는 무엇인가? 양이 예수님을 통해서만 얻을 수 있는 것은 무엇인가?(10:9-10, Tip)
  a) 두 가지 의미(Tip): 첫째, 양이 우리 안으로 들어가려면 반드시 하나밖에 없는 문을 통과해야 함
  둘째, 누구든지 하나님의 백성을 먹이려면 양의 문이신 예수님을 통과해야 함
  b) 예수님을 통해서 얻는 것(9-10절): 구원과 풍성한 생명

 예수님이 양의 문이라는 것은 두 가지 의미를 지닌다. 첫째, 양이 담과 울타리로 둘러싸인 우리 안으로 들어가려면 반드시 하나밖에 없는 문을 통과해야 한다. 그러므로 예수님 자신을 가리켜 양의 문이라고 하는 것은 오직 자신을 통해서만 하나님의 백성이 될 수 있다고 하시는 것이다. 둘째, 누구든지 하나님의 백성(우리 안에 있는 양들)을 먹이려면 양의 문이신 예수님을 통과해야 한다. 울타리를 넘는 자들은 모두 도둑이다. 그러므로 그 누구도 예수님을 통하지 않고는 하나님 백성을 인도하는 목자가 될 수 없다.

예수님은 양의 문인 자신만이 구원을 주는 유일한 메시아라고 하신다. 예수님의 음성을 아는 양들은 스스로 메시아라고 속이는 도둑들과 강도들의 말을 듣지 않는다. 예수님을 통해 구원에 이르는 사람들은 영적 분별력이 있어 예수님과 그들을 구분한다는 뜻이다. 하나님이 예수님에게 보내신 자들은 예수님의 음성을 듣고 구원에 이른다. 사람이 구원에 이르려면 예수님이 유일한 길이다. 양들은 그 문을 들어가고 나오며 꼴을 얻는다. 예수님은 양들에게 생명과 풍요를 주기 위해 오신 선한 목자이시다.

에스겔 34장과 요한복음 10장 비교

에스겔의 선한 목자 하나님(겔 34장)	선한 목자이신 예수님(요 10장)
자기의 양을 아는 목자	3, 14-15절
양을 치유하고 보살피는 목자	15절
양을 인도하는 목자	7-9절
양을 먹이는 목자	9절
양을 다스리는 목자	16절
양을 보호하는 목자	12-13절
양을 찾아 나서는 목자	16절

4 양들을 대하는 선한 목자와 삯꾼의 태도는 어떻게 다른가?
(10:11-12)

선한 목자는 양들을 위해 목숨을 버리지만, 삯꾼은 양을 버리고 달아남

선한 목자가 할 수 있는 가장 중요하면서도 매우 어려운 한 가지는 양들을 위해 목숨을 버리는 것이다. 선한 목자이신 예수님은 자신의 십자가 죽음뿐 아니라 삶 자체도 하나님의 백성을 위한 희생(대속)이라고 하신다. 예수님은 인류 역사에 없던 최고의 목자시다. 그러나 이 최고의 목자가 모든 양을 구원에 이르게 하는 것은 아니다. 오직 그의 음성을 알아듣고 따라오는 자들만 구원하신다.

선한 목자이신 예수님은 양들을 위해 기꺼이 목숨을 버리지만, 삯꾼은 그렇지 않다. 삯꾼은 돈만 주면 무엇이든 하는 사람이다. 삯꾼은 이리가 오면 양을 버리고 달아나기 때문에 이리가 양을 물어가거나 헤친다. 삯꾼이 양을 버리고 달아나는 것은 참 목자가 아니기 때문이다. 그는 돈을 받고 일하다가 언제 다른 일자리로 옮길지 모르기 때문에 양들과 교감을 형성하는 등 주인 의식을 갖지 않는다. 위험이 찾아오면 제일 먼저 도망간다.

5 우리 안과 우리 밖에 있는 양들은 누구이며, 목자가 스스로 목숨을 버리는 이유는 무엇인가?(10:16-18, Tip)
a) 우리 안에 있는 양들(Tip): 유대인 중에서 예수님을 영접하는 사람들
b) 우리 밖에 있는 양들(Tip): 예수님을 영접할 이방인들
c) 목자가 목숨을 버리는 이유(17절): 다시 얻기 위해서

 예수님은 우리에 들지 않은 다른 양들이 있으며, 우리 안에 있는 양들처럼 우리 밖에 있는 양들도 인도할 것이라고 하신다. 우리 안에 있는 양들은 유대인 중에서 예수님을 영접하는 사람들을 뜻한다. 반면에 우리 밖에 있는 무리는 예수님을 영접할 이방인이다. 예수님은 유다와 이스라엘에 이방인을 더하신다. 다윗의 후손으로 오신 예수님이 이들을 모두 다스리는 한 목자가 되셨다.

예수님은 정한 때가 되면 목숨을 빼앗기는 것이 아니라 스스로 버리실 것이다. 예수님이 스스로 결정하신 일이다. 이렇게 하시는 데에는 세 가지 이유가 있다. 첫째, 스스로 생명을 버리시는 것은 다시 얻기 위해서다. 예수님이 자기 목숨을 버리지 않으면 한 생명으로 남으실 뿐이지만, 목숨을 버리면 다시 얻으실 때(부활) 수많은 사람을 살리신다(cf. 요 12:24). 둘째, 예수님은 목숨을 스스로 버리는 일을 통해 하나님의 사랑을 확인하신다. 이는 예수님에 대한 하나님의 사랑이 예수님이 자기 목숨을 버리는 조건에 근거한 사랑이라는 뜻이 아니다. 예수님은 성육신하시기 전부터 아버지의 사랑을 경험하고 아셨다. 그 사랑에 근거해 기꺼이 자기 목숨을 버리실 것이다. 셋째, 예수님은 버릴 권세와 다시 얻을 권세를 아버지께 받으셨다. 사람의 삶과 죽음에 대한 권세를 받으신 것

이다. 그러므로 예수님은 "누구든지 제 목숨을 구원하고자 하면 잃을 것이요 누구든지 나를 위하여 제 목숨을 잃으면 찾으리라"(마 16:25)라고 선언하셨다.

VI. 적용과 나눔

 삶의 내비게이션(적용)

1 양의 문이신 예수님을 통하지 않고서는 구원이 없고, 예수님을 통해서만 하나님 자녀로 회복되어 풍성한 생명을 누릴 수 있다. 당신은 풍성한 생명을 얻기 위해 어디에 시간과 마음을 쏟고 있으며, 삶의 우선순위에서 회복해야 할 것은 무엇인가?

관찰문제 3번 참고. 사람이 구원에 이르는 유일한 길은 예수님이다. 양의 문이신 예수님을 통하지 않고는 하나님의 양이 될 수 없다. 예수님은 인류의 유일한 구세주이시다. 그러므로 우리가 죄인으로 죽어 영원히 사라질 자에서 용서받은 죄인으로 죽어 영생을 누리는 자로 바뀔 유일한 방법은 예수님을 구원자로 영접하는 것이다.

또한 예수님은 우리의 선한 목자이시다. 우리를 살리기 위해 스스로 생명을 내놓으셨다. 선한 목자이신 예수님은 우리가 이 땅에 사는 동안 선한 길로 인도하신다. 그러므로 우리는 삶의 방향에 대해 걱정할 필요가 없다. 예수님이 인도하시는 대로 가면 주님이 우리의 모든 필요를 채우시며 천국에 이르게 하실 것이다. 하나님은 하나님 나라를 위해 희생하고 헌신하는 사람을 더 풍요롭게 거두실 것이다. 버릴 권세도 있고 다시 얻을 권세도 가지신 이가 우리의 희생을 귀하게 여겨 몇 배의 축복으로 갚아 주실 것이기 때문이다.

우리는 주님을 통해 영적인 생명을 얻은 자들이다. 주님이 주시는 생명은 일시적이거나 단회적인 것이 아니라 연속적이고 영원한 것이다. 이 영원한 생명을 풍성히 누리고 유지하기 위해서는 예수님으로부터 거듭 반복적으로 얻어야 한다. 아침에 묵상한 말씀을 하루 동안 수시로 생각하고 삶에 적용하기, 시간을 정해 규칙적으로 성경 읽고 기도하기, 출퇴근 시간 이용해 말씀 듣기, 스트레스를 받거나 마음이 어려울 때 잠시 조용한 공간을 찾아 기도하며 평안을 회복하기, 마음에 위로와 평안을 주는 신앙 서적을 읽거나 찬양을 듣고 부르기, 믿음의 동역자들과 삶을 나누고 도전하기 등을 통해 주님의 생명이 매 순간 충만하도록 시간과 에너지를 잘 조율하는 지혜와 분별력이 필요하다. 각자의 삶에서 예수님의 풍성한 생명을 얻기 위해 실천하고 있는 것은 무엇이며, 삶의 우선순위에서 회복해야 할 것은 무엇인지 이야기해 본다.

2 양들은 목자와 타인의 음성을 구분해 참 목자의 음성만 듣고 따라간다. 요즘 당신에게 가장 크고 매력적이게 들리는 음성은 무엇인가? 당신이 믿고 따라가야 할 목자의 음성은 무엇인가?

관찰문제 2번 참고. 참 목자는 자기 양을 안다. 여기서 '안다'라는 말은 목자와 양들 사이에 형성되는 '관계의 긴밀함과 친밀함'을 뜻한다. 예수님과 그분의 양들 사이에 형성되는 친밀함의 정도는 아버지께서 아들이신 예수님을 아시고, 아들이 아버지인 하나님을 아시는 것과 같다. 우리가 상상할 수 있는 가장 친밀하고 헌신적인 관계. 아버지와 아들이 사랑의 관계 안에서 서로를 아는 것같이 목자와 양이 아는 관계의 기초는 '사랑'이다. 성부와 성자의 관계가 아버지의 사랑에 대한 아들의 순종이었듯이 목자이신 예수님과 우리의 관계도 마찬가지다. 하나님은 우리 또한 우리를 위해 목숨을 버리신 목자의 사랑에 순종으로 반응하며 자기 양을 부르시는 참 목자이신 예수님의 일에 동참하기를 기대하신다. 우리는 참 목자의 음성을 들을 수 있는 영적 분별력을 키워야 한다. 하나님의 말씀을 가르치고 선포한다고 해서 모두 하나님이 보내신 참 목자는 아니다. 양의 옷을 입고 노략질하는 거짓 목자도 있다. 그렇다면 참과 거짓을 어떻게 분별하는가? 그들의 설교와 가르침을 통해서 분별하기는 쉽지 않다. 성경은 그들의 삶에 맺히는 열매를 보라고 한다. 좋은 나무는 나쁜 열매를 맺을 수 없고 나쁜 나무는 아름다운 열매를 맺을 수 없다. 하나님이 보내신 목자는 사랑과 희락과 화평과 오래 참음과 자비와 양선과 충성과 온유와 절제 등 성령의 열매를 맺는다. 오늘날 많은 그리스도인이 세속적인 성공과 물질의 부요를 하나님의 축복으로 전하는 메시지에 귀를 기울이는 반면에, 죄와 허물과 심판과 회개를 외치며 양심을 찌르는 메시지는 거부하는 것을 볼 수 있다. 성령은 말씀을 들을 때 죄에 대한 깨달음과 회개를 요청하시고, 죄를 미워하는 마음의 변화와 죄에서 떠나는 생활의 변화로 인도하신다. 최근 각자의 삶과 사역에서 가장 크고 매력적이게 들리는 음성은 무엇인지 이야기해 본다.

3 예수님은 스스로 목숨을 버려 우리 안에 있는 양들뿐만 아니라 우리 밖에 있는 양들까지도 생명으로 인도하셨다. 주님께서 당신을 통해 생명으로 초대하길 원하시는 우리 밖에 있는 양은 누구이며, 그렇게 생각하는 이유는 무엇인가?

관찰문제 5번 참고. 당시 헬라인들은 철학과 신학을 통해 하나님을 알 수 있다고 생각했다. 그러나 예수님은 관계를 통해 하나님을 알 수 있다고 하신다. 관계는 경험해야만 형성된다. 그러므로 성경과 묵상을 통해서도 하나님을 어느 정도는 알 수 있지만, 구원에 이르는 앎은 삶에서 하나님을 경험한 사람만이 얻을 수 있다.

예수님은 우리 안에 들지 않은 다른 양들에게 관심을 가지신다. 우리 안에 있는 양들은 유대인 중에서 예수님을 영접하는 사람들을 뜻한다. 반면에 이 우리에 속하지 않은 다른 양들은 현재 우리 안에 속해 있지 않을 뿐 장차 목자이신 주님의 인도를 받게 될 이방인들을 가리킨다. 이 말씀은 이방인이 하나님의 구원에 참여하게 된다는 예언적 선포이며 약속이다. 하나님이 창세전에 구원하기로 예비하신 그분의 백성에는 이방인까지 포함된다. 예수님은 이방인을 유대인과 '한 무리'가 되게 하여 '한 목자' 아래 있게 하시려고 십자가를 지셨다. 이것이 사명이고, 복음이다! 우리와 더불어 살아가는 이웃 중에 하나님이 이 생명으로 초대하길 원하시는 우리 밖의 양은 누구인지, 왜 그렇게 생각하는지 이야기해 본다.

기도로 마무리한다.
제12주 관찰문제를 예습해 오게 한다.
실천과제를 제시한다.

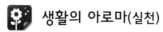 **생활의 아로마(실천)**

예 1) 헛소문(거짓 뉴스, 과장된 광고 등)에 관심 갖지 않고, 한 주 동안 하나님
  의 음성에 귀 기울인다.
  2) 하나님의 생명으로 초대해야 할 이웃은 누구인지 살펴보고 기도하면서
  복음 전할 기회를 만들어 본다.

제12주 예수님과 하나님은 하나이시다!

요한복음 10:22-42

하나님을 지적으로 아는 데서 그치지 말고, 친밀한 관계를 통해 경험적으로 알아 가며 균형 잡힌 신앙생활을 하도록 힘쓴다.

KEYWORD **삼위일체, 믿음, 균형**

I. 찬양과 기도

II. 지난주 실천과제 나눔

III. 복습문제 풀이

 복습

1 양들을 대하는 선한 목자와 삯꾼의 태도는 어떻게 다른가?
(10:11-12)
선한 목자는 양들을 위해 목숨을 버리지만, 삯꾼은 양을 버리고 달아남

IV. 말씀 요한복음 10:22-42을 다 함께 읽는다

10:22 예루살렘에 수전절이 이르니 때는 겨울이라 23 예수께서 성전 안 솔로몬 행각에

서 거니시니 ²⁴ 유대인들이 에워싸고 이르되 당신이 언제까지나 우리 마음을 의혹하게 하려 하나이까 그리스도이면 밝히 말씀하소서 하니 ²⁵ 예수께서 대답하시되 내가 너희에게 말하였으되 믿지 아니하는도다 내가 내 아버지의 이름으로 행하는 일들이 나를 증거하는 것이거늘 ²⁶ 너희가 내 양이 아니므로 믿지 아니하는도다 ²⁷ 내 양은 내 음성을 들으며 나는 그들을 알며 그들은 나를 따르느니라 ²⁸ 내가 그들에게 영생을 주노니 영원히 멸망하지 아니할 것이요 또 그들을 내 손에서 빼앗을 자가 없느니라 ²⁹ 그들을 주신 내 아버지는 만물보다 크시매 아무도 아버지 손에서 빼앗을 수 없느니라 ³⁰ 나와 아버지는 하나이니라 하신대 ³¹ 유대인들이 다시 돌을 들어 치려 하거늘 ³² 예수께서 대답하시되 내가 아버지로 말미암아 여러 가지 선한 일로 너희에게 보였거늘 그 중에 어떤 일로 나를 돌로 치려 하느냐 ³³ 유대인들이 대답하되 선한 일로 말미암아 우리가 너를 돌로 치려는 것이 아니라 신성모독으로 인함이니 네가 사람이 되어 자칭 하나님이라 함이로라 ³⁴ 예수께서 이르시되 너희 율법에 기록된 바

내가 너희를 신이라 하였노라

하지 아니하였느냐 ³⁵ 성경은 폐하지 못하나니 하나님의 말씀을 받은 사람들을 신이라 하셨거든 ³⁶ 하물며 아버지께서 거룩하게 하사 세상에 보내신 자가 나는 하나님의 아들이라 하는 것으로 너희가 어찌 신성모독이라 하느냐 ³⁷ 만일 내가 내 아버지의 일을 행하지 아니하거든 나를 믿지 말려니와 ³⁸ 내가 행하거든 나를 믿지 아니할지라도 그 일은 믿으라 그러면 너희가 아버지께서 내 안에 계시고 내가 아버지 안에 있음을 깨달아 알리라 하시니 ³⁹ 그들이 다시 예수를 잡고자 하였으나 그 손에서 벗어나 나가시니라 ⁴⁰ 다시 요단 강 저편 요한이 처음으로 세례 베풀던 곳에 가사 거기 거하시니 ⁴¹ 많은 사람이 왔다가 말하되 요한은 아무 표적도 행하지 아니하였으나 요한이 이 사람을 가리켜 말한 것은 다 참이라 하더라 ⁴² 그리하여 거기서 많은 사람이 예수를 믿으니라

V. 관찰문제의 바른 답

🔍 말씀 돋보기(관찰)

1 유대인들이 예수님께 질문한 내용은 무엇이며, 예수님은 어떻게 대

답하셨는가?(10:24, 30)

a) 유대인들의 질문(24절): "당신이 그리스도인가?"

b) 예수님의 대답(30절): "나와 아버지는 하나이니라"

예수님이 수전절 절기를 기념하기 위해 성전을 방문하셨다. 유대인들이 구약에도 없는 절기인 수전절(Hannuka)을 지키게 된 역사적 정황은 에피파네스(신의 현현)라고 알려진 시리아 왕 안티오코스 4세(주전 167년경)가 여호와 종교를 핍박하고 신성 모독을 한 것이 원인이 되었다. 그는 예루살렘 성전을 침략해 제우스 동상을 세우고 그 제단에 돼지를 포함한 부정한 짐승들을 바쳤으며, 유대인들이 여호와 종교의 예식과 풍습을 행하지 못하도록 금하는 법을 제정했다. 할례와 금식과 안식일 및 절기를 지키거나, 성경을 소유하고 있다가 발각된 사람은 처형했다. 유대인들에게 자신과 그리스 신들에게 충성할 것을 강요했으며, 여호와를 섬기겠다는 사람들은 가차 없이 처단했다. 이에 유대인들은 유다 마카비를 중심으로 낮에는 야산에 숨어 쉬다가 밤이 되면 시리아 군대를 치는 게릴라전을 펼쳤다. 주전 164년 안티오코스는 예루살렘에서 철수했다. 마카비 형제들은 그해 12월 예루살렘 성전을 정결하게 해 하나님께 헌당했다. 이것이 수전절의 유래다. 수전절은 주전 164년에 처음 기념된 이후 유대인들이 매년 8일 동안 지키는 절기로 자리 잡았다.

유대인들은 예수님을 에워싸고 언제까지 그들의 마음을 의혹하게 할 것이냐며 만약 그리스도라면 분명하게 말해 달라고 요구한다. 그들은 이미 예수님을 귀신 들린 자, 혹은 망언하는 자로 단정했다. 예수님을 그리스도로 인정하지 않으며, 앞으로 무슨 말을 들어도 계속 이러한 입장을 고수할 것이다. 예수님은 이미 자신이 메시아임을 직간접적으로 여러 차례 말씀하셨지만 그들이 믿지 않았다.

예수님은 유대인들의 질문에 "나와 아버지는 하나"라고 대답하신다. 이 말씀은 본문의 절정이다. 혹시라도 몰라서 예수님을 믿지 않는다는 자들이 있다면, 이제 더는 변명할 수 없다. 하나님과 예수님은 본질이 같다는 말씀이다. 그러므로 기독교 역사에서 예수님과 하나님의 관계에 대한 논쟁이 일어날 때마다 신학자들은 이 말씀을 인용해 예수님과 하나님은 동질이라며 삼위일체를 옹호했다.

2 예수님이 그리스도라는 증거는 무엇인가? 이러한 증거에도 불구하고 유대인들이 예수님을 믿지 않는 영적인 이유는 무엇인가? (10:25-26)

a) 증거(25절): 예수님이 하나님 아버지의 이름으로 행하는 일들

b) 영적인 이유(26절): 예수님의 양이 아니기 때문에

 예수님은 이때까지 자신이 하나님 아버지의 이름으로 행하신 일들도 모두 예수님이 그리스도임을 증거한다고 하신다. 예수님은 항상 그분을 보내신 아버지의 뜻에 따라 아버지가 하시고자 하는 일들을 하셨기 때문이다. 이는 예수님의 가르침과 사역 전반에 관한 말씀이다. 몇 가지 사례를 들면 예수님은 맹인을 보게 하시고(9:1-7), 중풍병자를 걷게 하시며(5:2-9), 5,000명을 먹이시고(6:5-13), 물 위를 걸으셨다(6:16-21). 또한 자신을 생명의 떡(6:35), 양의 문(10:7), 선한 목자(10:11)라 하셨다. 유대인들이 예수님을 메시아로 믿으려고 했다면 증거와 증언은 얼마든지 있었다. 마음이 강퍅한 사람들에게 예수님이 메시아라는 증거는 많으면 많을수록 그들을 더 강퍅하게 만든다.

예수님은 그들이 믿지 않는 것을 영적인 이슈로 간주하신다. 그들은 증거가 부족해서 예수님을 믿지 않는 것이 아니라, 주님의 양이 아니기 때문에 믿지 않는다. 그들은 하나님이 선한 목자이신 예수님에게 보내신 양들이 아니다. 그들의 불신은 예수님을 통해서 일하시는 하나님을 부인하는 행위이기도 하다. 유대인의 불신은 예수님과 그들 사이의 일인 동시에 하나님과 그들 사이의 일이다.

3 예수님이 하나님과 하나라고 말씀하시자 유대인들은 어떤 반응을 보였는가? 그 이유는 무엇인가?(10:31-33)

a) 유대인들의 반응(31절): 돌을 들어 치려 함

b) 이유(33절): 예수님이 신성 모독을 했다고 생각했기 때문에

Tip 유대인들은 예수님이 "나와 아버지는 하나이니라"라고 말씀하신 것에 단단히 화가 나서 돌을 들어 예수님을 치려고 했다. 율법은 여호와의 이름을 모독하는 자를 돌로 치라고 하는데(레 24:16), 예수님의 발언이 여기에 해당한다고 생각한 것이다.

예수님은 자신이 행한 하나님의 선한 일 중에서 무엇이 문제라서 돌로 치려고 하는지 따져 물으셨다. 그러자 유대인들은 예수님이 하신 선한 일들은 문제가 되지 않는다고 대답한다. 다만 예수님이 신성 모독(사람인 예수님이 자신을 하나님이라고 칭함)을 했기 때문에 돌에 맞아야 한다고 한다. 요한복음에서 예수님이 하신 말씀을 신성 모독이라며 공식적으로 문제 삼는 것은 이곳이 유일하다. 그러나 예수님의 말씀은 여호와의 이름을 모독하는 신성 모독에 해당하지 않는다. 그들은 이번에도 5:18에서처럼 예수님이 하나님과 하나(동질)라고 하신 것을 문제 삼고 있다.

4 예수님은 유대인들에게 무엇을 보고 판단하라고 하셨는가? 이를 통해 그들이 깨닫게 될 사실은 무엇인가?(10:37-38)
  a) 판단의 근거(37절): 행위(예수님이 하나님 아버지의 일을 행하시는지)
  b) 깨닫게 될 사실(38절): 아버지가 예수님 안에 계시고 예수님이 아버지 안에 계시는 것을 깨닫게 됨
....

 Tip 예수님은 유대인들에게 행위를 보고 판단하라고 하신다. 영어에 "행동은 말보다 더 큰 소리를 낸다"라는 말이 있는데, 이처럼 자신이 하는 일을 보고 판단하라는 것이다. 만일 예수님이 하시는 일이 하나님의 일이 아니라면 그들은 예수님을 믿지 않아도 된다. 그러나 예수님이 하시는 일이 하나님의 일이라면, 설령 예수님을 믿지 않을지라도 하나님이 예수님을 통해서 하시는 일은 믿으라고 하신다. 예수님은 10:26에서 이미 그들이 믿지 않는다고 하셨는데, 그들에게 믿을 것을 한 번 더 권면하시는 것이다. 만일 그들이 하나님이 예수님을 통해서 일하고 계신다는 사실을 깨닫는다면, 하나님이 예수님 안에 계시고 예수님이 하나님 안에 계신다는 것도 깨닫게 될 것이다. 예수님과 하나님은 하나라는 사실을 인정하게 될 것이라는 뜻이다.

5 사람들이 진실이라고 믿게 된 것과 그 결과는 무엇인가?(10:41-42)
　a) 진실이라 믿게 된 것(41절): 요한이 예수님에 관해 말한 것
　b) 결과(42절): 많은 사람이 예수님을 믿음

이미 예수님에게 마음을 닫은 지 오래된 유대인들이 예수님 말씀에 귀를 기울일 리 없다. 그들의 유일한 관심사는 예수님을 잡아 돌로 쳐 죽이는 일이다. 예수님은 잡고자 하는 자들의 손에서 벗어나 요단강 저편 세례 요한이 처음으로 세례를 베풀었던 곳으로 가서 그곳에 머무셨다. 이는 베다니라는 곳으로, 예수님은 이곳에서 세례를 받으시고 사역을 시작하셨다. 앞으로 3-4개월 후에 예수님은 다시 예루살렘으로 가셔서 그곳에서 십자가를 지실 것이다. 그러므로 예수님이 세례받은 곳으로 오신 것은 십자가 죽음을 준비하기 위해서라고 할 수 있다.

예수님이 베다니에 계신다는 소문을 듣고 많은 사람이 찾아왔다. 그들은 세례 요한과 예수님의 차이를 단번에 알아보았다. 요한도 많은 사역을 했지만 표적은 행하지 않았다. 하지만 사람들은 세례 요한이 예수님에 관해 증언한 것이 모두 다 진실이었음을 믿게 되었다. 세례 요한은 예수님을 처음 본 순간 '세상 죄를 지고 갈 어린양'이라 했다. 인간의 죄를 대속하고 죽을 고난받는 메시아, 곧 '인자'이심을 직감한 것이다. 이후 요한복음은 세례 요한의 증언에 따라 예수님을 '메시아', '하나님의 아들', '이스라엘의 임금'이라고 한다. 베다니로 예수님을 찾아온 사람들은 이 모든 것이 사실임을 깨달은 것이다.

평소 세례 요한이 곧 오실 것이라고 증언한 이를 만난 사람들의 마음이 어땠을까? 감개무량한 그들은 주저하지 않고 예수님을 메시아로 영접하고 믿었다. 예수님을 따르고 믿는 사람들의 공동체가 날이 갈수록 왕성해졌다. 당연한 일이다. 그토록 사모하던 메시아를 뵈었으니 얼마나 좋았을까!

삶의 내비게이션(적용)

1 유대인들은 예수님의 가르침과 행하신 일들을 보고도 예수님을 그리스도(메시아, 구원자)로 믿지 않았다. 증거가 부족해서가 아니라, 믿지 않기로 작정했기 때문이다. 성경에 기록된 이야기 중 가장 믿기가 어려웠던 일은 어떤 것이었으며, 그 이유는 무엇인가?

관찰문제 1, 2번 참고. 예수님은 유대인들이 믿지 않는 것을 영적인 이슈로 간주하신다. 그들은 증거가 부족해서 예수님을 믿지 않는 것이 아니라, 주님의 양이 아니기 때문에 믿지 않는다. 마음이 강퍅한 사람들에게 예수님이 메시아라는 증거는 많으면 많을수록 그들을 더 강퍅하게 만든다. 믿지 않으려고 마음을 정한 사람에게는 어떠한 증거와 증언도 효력을 발휘하지 못한다. 예수님은 자신이 메시아임을 이미 여러 차례 직간접적으로 말씀하셨다. 그러나 그들은 믿으려고 하지 않고 또다시 예수님이 메시아가 맞는지 물어보았다. 믿기 위해서가 아니라 문제 삼을 만한 말을 듣고자 해서다. 그러므로 예수님이 믿으려 하지 않는 그들에게 더 하실 말씀은 없다.

"하고자 하면 방법이 보이고, 하지 않으려고 하면 핑계가 보인다"라는 말이 있다. 유대인들의 문제는 예수님에 대한 정보가 부족한 데 있는 것이 아니라, 진실을 부인하기 위해 핑곗거리를 찾는 데 있다. 혹시 우리도 이런 자세로 살고 있는 것은 아닌지 되돌아보아야 한다. 그리스도인은 성경 66권을 하나님의 말씀으로 인정하고 진리로 믿는다는 것을 고백하는 자들이다. 하지만 예수님의 동정녀 탄생, 성육신, 부활, 천국, 기적 등을 믿지 못하는 경우가 더러 있다. 이해되지 않는 일들을 옛이야기로 치부하거나, 무조건 믿는 것이 미덕이라고 생각하며 진부한 태도를 보이기도 한다. 성경을 읽고 묵상할 때 이해되지 않거나 의문이 드는 점에 대해 목회자나 영적인 리더들, 권위 있는 신앙 서적을 참고해 연구하고 더 깊이 알아 가는 것은 성경을 배우는 매우 좋은 자세다. 단, 이성적으로만 이해하려는 자세를 내려놓고, 성령께서 깨닫게 하시는 믿음 안에서 성경을 배워야 한다. 인도자는 그룹원들이 성경 말씀의 모든 부분을 하나님의 진리 말씀으로 믿고 있는지 질문하고, 성경 말씀 중 믿기 어렵거나 이해되지 않는 부분은 어떤 것이 있는지 나누어 본다. 답변하기 힘든 부분에 무리하게 답변하기보다는 메모해 두었다가 다음 시간에 보충해서 나누는 것이 좋다.

2 예수님은 마음을 닫아 버린 유대인들이 어떤 말을 해도 믿지 않을 것을 아시고 예수님을 찾아오는 자들에게로 향하신다. 당신이 오랜 시간 복음을 전해도 믿지 않는 사람으로 인해 힘들 때는 언제이며, 어떻게 극복하는가?

관찰문제 5번 참고. 복음을 전할 때 굳이 믿지 않겠다는 사람을 계속 붙잡고 논쟁할 필요는 없다. 예수님은 마음을 닫아 버린 유대인들에게 어떠한 말을 해도 그들이 믿지 않을 것을 아셨기 때문에, 더는 그들에게 열정과 시간을 낭비하지 않으시고 베다니로 가서 많은 사람을 하나님께 인도하셨다.

하나님을 영접하는 일은 우리 스스로 결정하는 일이 아니라, 성령님이 우리 마음을 열어 준비시키실 때 가능하다. 그러므로 누군가가 복음을 받아들이지 않으면 한 걸음 물러서서 복음을 받을 준비가 되었는지 가끔 점검하면 된다. 하나님은 복음에 저항하는 그 사람만 사랑하시는 것이 아니라, 복음을 접할 기회가 없어서 하나님께 나아오지 못하는 사람들도 사랑하신다. 모든 사람에게 공평한 기회를 주는 것은 좋은 일이다. 그러므로 우리는 듣지 못하는 다른 사람들도 찾아가 예수의 사랑을 전해야 한다. 때로는 가까이에 있는 가족이나 친구들에게 복음 전하기가 어려울 때가 있는데, 과거에 주었던 상처나 바로잡지 못한 오해, 신앙에 대한 강요 등이 복음 전도를 방해하기도 한다. 이 밖에 그리스도인들의 말과 삶의 불일치, 교회와 목회자들의 부정과 비리로 인한 신뢰도 하락, 사회적 문제로 대두한 이단들로 인해 교회에 대한 비판과 불안 증가 등으로 전도하기 쉽지 않은 시대를 맞이했다. 이제 우리는 일상에서 그리스도인다운 삶을 살며 친밀한 관계 안에서 전도해야 한다. 오랜 시간 복음을 전했는데도 복음을 받아들이지 않는 사람으로 인해 힘든 점은 무엇인지, 이를 어떻게 극복하고 있는지 이야기해 본다.

3 유대인들은 하나님을 가장 잘 안다고 자부하면서도 하나님이 보내신 아들을 돌로 치려고 했다. 하나님을 알아 가는 일은 지적인 부분뿐 아니라 관계적으로도 알아 가는 것이 중요하다. 당신의 신앙생활이

균형을 이루도록 보강해야 할 부분은 무엇인가?

관찰문제 3번 참고. 하나님을 가장 잘 안다고 자부하는 자들이 하나님을 가장 모를 수도 있다. 유대교 지도자들은 그들만큼 하나님을 잘 아는 사람은 없다고 자부했다. 그러나 그들은 하나님을 모른다. 만일 하나님을 알았더라면 하나님이 보내신 아들을 돌로 치려고 하지 않았을 것이다.

성경은 하나님을 아는 것에 대해 두 가지를 말한다. 첫째, 지적인(객관적인) 앎이다. 성경을 읽고 신학 서적과 묵상집 등을 통해 얻을 수 있는 앎이다. 둘째, 관계적인(주관적인) 앎이다. 순종과 기도를 통해 형성된 관계적 앎이다. 우리는 이 두 가지 앎의 균형을 추구해야 한다. 지나치게 지적으로 쏠리면 영적으로 매우 건조하게 되고, 지나치게 관계적으로 치우치면 마치 무당과 점쟁이처럼 신비주의에 빠질 수 있다. 그러므로 신앙생활에서 지적인 앎과 관계적이고 체험적인 앎의 균형을 추구하는 것은 매우 중요하다. 각자의 신앙생활에 성경은 읽지 않고 기도만 하거나 기도하지 않고 성경만 읽는 것, 지식적인 말만 늘어놓고 행동하지 않는 삶, 예배는 참석하지만 셀 모임이나 교제는 거부하는 태도, 봉사에 지나치게 치중하고 말씀이나 예배를 소홀히 하는 등의 모습은 없는지 살펴보면서 믿음의 균형이 필요한 부분은 무엇인지 점검하고 이야기해 본다.

VII. 마무리

기도로 마무리한다.
다음 과정 성경공부에 초대한다.
실천과제를 제시한다.

 생활의 아로마(실천)

예 1) 하나님을 알아 가는 일에 지적으로 또는 체험적으로만 치우쳐 있는 건 아닌지 점검하고, 신앙의 균형을 잡기 위해 필요한 부분은 무엇인지 점검한다.

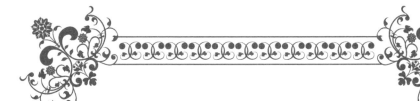

비밀 유지 서약서

나는 이 그룹에서 나눈 것들을 다른 곳에 누설하지 않기로 약속합니다. 또한 다른 그룹원들이 숨기고자 하는 내용을 나누도록 압력을 가하지 않을 것을 약속합니다. 하나님과 그룹원들에게 나의 약속을 성실히 이행할 것을 서약합니다.

서명_____

날짜_____

『요한복음 I』 성경공부를 통한 삶의 변화 일지

주	나의 말씀 적용(생활의 아로마)	실천 과정과 결과
1주		
2주		
3주		
4주		
5주		
6주		

주	나의 말씀 적용(생활의 아로마)	실천 과정과 결과
7주		
8주		
9주		
10주		
11주		
12주		

『요한복음 I』엑스포지멘터리 성경공부 출석

주\이름	1	2	3	4	5
OT (월 일)					
1주 (월 일)					
2주 (월 일)					
3주 (월 일)					
4주 (월 일)					
5주 (월 일)					
6주 (월 일)					
7주 (월 일)					
8주 (월 일)					
9주 (월 일)					
10주 (월 일)					
11주 (월 일)					
12주 (월 일)					
합계					
연락처					
메모 (가족/기도)					

6	7	8	9	10	11	12

송병현 〈엑스포지멘터리 시리즈〉의 저자. 캐나다 틴데일대학교(B. Th.)와 미국 시카고 트리니티 복음주의신학교를 졸업하고(M. Div.) 동 대학원에서 박사학위(Ph. D.)를 받았다. 1997년부터 백석대학교 구약학 교수로 봉직 중이며 2009년부터는 선교지의 지도자 교육을 위해 강사 진을 파송하는 STAR 선교회를 이끌고 있다. 목회자와 신학생뿐 아니라 하나님의 말씀에 진지하게 귀 기울이기 원하는 이 땅의 그리스도인들 을 섬기기 위해 활발한 성경 강해와 해석 사역을 펼치고 있다.

송(임)우민 캐나다 틴데일대학교(B. Th.)와 미국 시카고 트리니티 복 음주의신학교를 졸업(M. Div.), LA에 있는 탈봇신학교에서 기독교교육 학으로 박사학위(Ph. D.)를 받았다. 20여 년간 북미와 한국에서 영어 주일학교 전도사로 교회학교 현장에서 사역했으며, CMIS 캐나다국제학 교 이사, Korea Montessori College 교수, 몬테소리 교사 및 컨설턴트 등 다양한 교육학적 경력을 바탕으로 학부모 세미나, 부부 세미나, 교 사 세미나와 주요 강사로서 가정과 교회학교를 말씀으로 세우기를 갈 망하는 부모와 교사들을 섬기고 있다. 현재 백석예술대학교 사회복지학 부 전임교수로 봉직 중이며, 남편 송병현 교수와 함께 STAR 선교회 이 사로 섬기고 있다.

엑스포지멘터리 성경공부 시리즈 요한복음 I - 인도자용

초판 1쇄 발행 2023년 8월 25일
2쇄 발행 2023년 8월 26일

지은이 송병현, 임우민
구성 신재희

펴낸곳 도서출판 이엠
등록번호 제25100-2015-000063
주소 서울시 강서구 공항대로 220 610호
전화 070-8832-4671
E-mail empublisher@gmail.com

내용 및 세미나 문의 스타선교회: 02-520-0877 / EMail: starofkorea@gmail.com / www.star123.kr
Copyright © 송병현, 임우민, 2023, *Print in Korea*.
ISBN 979-11-93331-00-2 93230